FRANZ POSCH

Ins Reindl einig'schaut

MEINE LIABSTEN REZEPTE

UEBERREUTER

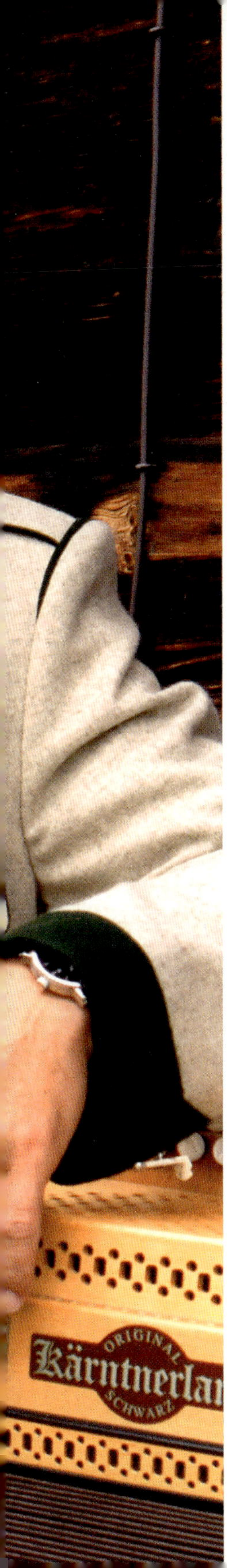

Mei liabste Weis

Seit Anbeginn der ORF-Fernsehserie »Mei liabste Weis« (Jänner 1988) spielen neben der bodenständigen Musik auch andere volkskulturelle Bereiche wie Tanz, Dialekt, Tracht, Brauchtum etc. eine wichtige Rolle in dieser Sendung. Nicht wegzudenken ist dabei auch das Kulinarische. Alles zusammen macht ja das Typische einer Region aus.

Gerade der Alpenraum ist von einer überdurchschnittlichen Vielfalt regionalspezifischer Unterschiede gekennzeichnet. Diese Besonderheiten zu bewahren ist eines der Ziele von »Mei liabste Weis«.

Schlägt sich das bei der Musik durch verschiedene Tänze, verschiedene Interpretationsstile, verschiedene Instrumente, verschiedene Dialekte etc. nieder, so sind es beim Kulinarischen verschiedene Grundnahrungsmittel, verschiedene arbeitstechnische Beweggründe, verschiedene Traditionen etc., die bestimmte Speisen zu typischen Speisen einer Region werden lassen.

Solche typischen regionalen Speisen werden jedes Mal auch bei »Mei liabste Weis« präsentiert. Spielt die Sendung an einem See, ist meist der Fisch auf dem Tisch, spielt die Sendung im Bregenzer Wald, ist der Käse nicht wegzudenken, spielt die Sendung hoch im Südtiroler Passeiertal, steht Lamm auf dem Speiseplan. Mit Vorliebe präsentieren wir dabei noch dazu Rezepte aus Großmutters Küche.

Es ist mir ein Anliegen – neben der Musik –, auch diese alten, meist mündlich tradierten Rezepte zu erhalten und der Nachwelt schmackhaft zu machen. Ich freue mich riesig darüber, Sie als stolzen Besitzer dieses so spezifischen Kochbuches begrüßen zu dürfen.

Gutes Gelingen und guten Appetit wünscht Ihnen

Franz Posch

Mei liabste Speis

Rust, Burgenland

»MEI LIABSTE WEIS«
aus der »Alten Schmiede«
in Rust, Burgenland

Neusiedlersee Hecht mit Erdäpfelschuppen auf gelbem Paprikaschaum

Die meisten burgenländischen Weinbaubetriebe sind auch heute noch Familienbetriebe. Die Bäuerinnen helfen nicht nur zur Lesezeit bei der schweren Arbeit im Weinberg. Zum Kochen bleibt deshalb wenig Zeit. Karin Strommer aus Rust empfiehlt daher als ihre »Liabste Speis« einen Neusiedlersee Hecht – ein Leckerbissen nach alter burgenländischer Tradition, in kurzer Zeit zubereitet.

Zutaten (4 Personen)

4 Hechtfilets
(ca. 20 dag pro Portion)
1 Zitrone
Salz und Pfeffer
rotes Paprikapulver
2 mittelgroße Erdäpfel
1 TL Kümmel
1 Ei
1/8 l Sauerrahm

Gelber Paprikaschaum:
1 gelber Fleischpaprika
1 kleine Zwiebel
1/8 l trockener Weißwein
1/4 l Schlagobers
1 TL Zucker
Messerspitze Curry und Safran
1 EL Kartoffelmehl zum Eindicken
1/8 l Sauerrahm
2 EL Öl zum Anschwitzen
1/8 l Wasser zum Aufgießen

- Die Hechtfilets auf der Schuppenseite mit parallelen Schnitten im Abstand von ca. 2 cm einschneiden und beidseitig mit Zitronensaft, Salz, Pfeffer und rotem Paprikapulver würzen. Die Fischstücke auf ein eingefettetes Backblech legen. Die gekochten Erdäpfel mit einem Reibeisen in eine Schüssel reißen. Sauerrahm, Kümmel, Salz, Pfeffer und das Ei dazugeben, mit einem Kochlöffel vermengen. Diese Masse auf den Hechtfilets gleichmäßig verteilen, mit einem Löffel Schuppen formen und im Backrohr bei 190° ca. 15 Minuten goldgelb backen.

- Die Zwiebel und die entkernte Paprikaschote kleinwürfelig schneiden und in heißem Öl anschwitzen. Die Gewürze dazugeben, mit Weißwein ablöschen und mit etwas Wasser aufgießen. Sobald der Paprika weich gekocht ist, das Schlagobers dazugeben und mit einer Schneerute verrühren. Das Ganze mit einer Flotten Lotte pürieren und mit Kartoffelmehl eindicken.

- Den fertigen Paprikaschaum auf einen Teller geben und den überbackenen Hecht drauflegen. Weinempfehlung: Chardonnay

Vorspeise

Kürbiscremesuppe

Zutaten (4 Personen)

1 kg Speisekürbis
1 Zwiebel
1/4 l Obers
1 l Rindsuppe
Kernöl zum Verzieren

- Den Kürbis schälen und den Inhalt klein schneiden. Den Kürbis mit der klein gehackten Zwiebel anrösten und mit Rindsuppe aufgießen.
- Wenn der Kürbis weich gekocht ist, mit einem Stabmixer fein zerkleinern.
- Heiß anrichten und mit ein paar Tropfen Kernöl und dem Obers verfeinern.

Karin Strommer aus Rust empfiehlt als ihre »Liabste Speis« einen Neusiedlersee Hecht. Guten Appetit!

B´soffene Lisl (Rotweinguglhupf)

Zutaten
25 dag Butter
30 dag Zucker
1 Päckchen Vanillezucker
5 Eier
1 TL Zimt
1/4 l Rotwein
1 Päckchen Backpulver
38 dag Mehl
15 dag gehackte Nüsse
15 dag in Stücke geschnittene Schokolade
kleine Menge Brösel

- In einer Schüssel Butter, Zucker und Vanillezucker schaumig rühren und die Eier einzeln einrühren. Rotwein, Nüsse, Zimt und Schokolade dazugeben und mit einem Kochlöffel verrühren. Am Schluss das mit Backpulver vermischte Mehl einmengen.
- In einer gefetteten und mit Brösel ausgestaubten Gugelhupfform eine Stunde bei mittlerer Hitze (180°) backen.

Tipp von Frau Strommer:
Der Rotweingugelhupf wird erst nach zwei Tagen richtig saftig!

Kurzschwarza
Waldviertel, Niederösterreich

»MEI LIABSTE WEIS«
aus der »Waldschenke Schreiber«
in Kurzschwarza im Waldviertel, Niederösterreich

Waldviertler Karpfen mit Mohnhaube

Zutaten (4 Personen)

4 Karpfenfilets (jeweils 15 – 20 dag); vom Fischhändler filetieren und schröpfen* lassen.
Saft von einer Zitrone
Salz
4 EL Pflanzenöl
Mehl

Haube:
20 dag speckige Erdäpfel
6 dag geriebener Mohn
2 dag Brösel
2 Eier
eine Prise Salz
etwas gehackte Petersilie oder Basilikum

** Schröpfen: Fischfilet mit einem scharfen Messer bis zur Haut alle 3 bis 4 mm parallel einschneiden*

- Die Karpfenfilets salzen, mit Zitronensaft beträufeln und auf einer Seite im Mehl wälzen. Öl in einer Pfanne erhitzen, die Fische darin anbraten und anschließend auf ein Backblech legen.
- Die gekochten und gepressten Erdäpfel mit den anderen Zutaten zur Haubenmasse verrühren und auf die Karpfenfilets auftragen. Ins Rohr schieben und bei ca. 200° so lange überbacken, bis die Kruste eine braune Farbe angenommen hat.
- Mit Petersilie oder Basilikum garnieren und mit gekochten Waldviertler Erdäpfeln servieren.

Doris Schreiber empfiehlt zu den Karpfen Bier oder trockenen Weißwein.

Unterloiben
Wachau, Niederösterreich

»MEI LIABSTE WEIS«
aus dem »Loibnerhof«
in Unterloiben in der Wachau, Niederösterreich

Gefüllte Sellerieschеiben mit Wildkräuterrahm

Christine Saahs bewirtschaftet mit ihrer Familie den Nikolaihof in Mautern, dessen erste urkundliche Erwähnung ins 5. Jhd. n. Chr. zurückreicht. In ihrem Kräutergarten findet sie geschmackvolle und gesunde Zutaten für ihre »Liabste Speis«: Wildkräuter von der Schafgarbe bis zum Spitzwegerich. Ein Tipp für alle, die keinen Garten besitzen: Kräuter gedeihen auch vorzüglich im Blumentopf auf dem Balkon oder der Fensterbank.

Zutaten (4 Personen)
2 große Sellerieknollen
frische Kräuter: Liebstöckl, Majoran, Oregano, Petersilie, Sellerieblätter
1/2 Zwiebel
2 Knoblauchzehen
Salz & Pfeffer
Muskatblüten
6 Scheiben (20 dag) würziger Käse (Emmentaler oder Edamer)
frisch gemahlenes Dinkelmehl zum Panieren
kalt gepresstes Olivenöl zum Braten

Wildkräuterrahm:
1/4 l Sauerrahm
frische Kräuter: Löwenzahn, Schafgarbe, Sauerampfer, Schnittlauch, Spitzwegerich, Petersilie
Salz & Pfeffer
1 Blatt Kapuzinerkresse

- 1/2 l Wasser mit den Kräutern, der Zwiebel, dem Knoblauch, Salz und Pfeffer zum Kochen bringen. Die Sellerieknollen in 1/2 cm breite Scheiben schneiden und im Sud ca. 15 Minuten leicht ziehen lassen (nicht zu weich kochen!). Die Sellerieschеiben aus der Brühe nehmen, halbieren und auf einem Brett auskühlen lassen.
- Die Käsescheiben halbieren und auf je eine Sellerieschеibenhälfte legen. Mit Pfeffer, Salz und den gemahlenen Muskatblüten würzen und mit der zweiten Selleriehälfte belegen. Im Dinkelmehl wenden und fest andrücken. Das Olivenöl in einer Pfanne erhitzen, die Sellerieschеiben kurz anbraten.
- Für den Wildkräuterrahm den Sauerrahm mit den fein gehackten Wildkräutern verrühren, pfeffern und salzen. Auf einem Kapuzinerkresseblatt anrichten und mit den Sellerieschеiben servieren.

Zuspeise: Braterdäpfel

Vorspeise

Blunz'n mit Krenmarillen

Zutaten (4 Personen)

30 dag Blunz'n (möglichst vom Biobauern)
Kren
Marillenröster
Salz & Pfeffer
frischer Majoran
4 kleine Salatblätter

- Die Blunz'n schälen und in ca. 2 mm dicke Scheiben schneiden. Auf die Vorspeisenteller legen, mit Majoran, Pfeffer und Salz würzen und mit Krenmarillen auf den Salatblättern servieren.
- Marillenröster: 1/2 kg nicht zu weiche, aber gut reife Marillen entkernen, in Spalten schneiden und in einem Reindl kurz aufkochen. 5–10 dag Zucker dazugeben, 2 Minuten durchkochen, vom Herd nehmen und abkühlen lassen.
- Krenmarillen: 3 Esslöffel Marillenröster mit frisch gerissenem Kren, Salz und Pfeffer vermischen und zu den Blunz'nscheiben geben. Mit frischem Kren auch die Marillen bestreuen.

Marillenknödel

Zutaten (4 Personen)

8 große, reife Marillen
Butterbrösel
(in Butter geröstete Brösel)
Staubzucker

Erdäpfelteig:
40 dag mehlige, Erdäpfel
2 dag Butter
10 dag Mehl
2 1/2 dag Gries
1 Eidotter

- Die ungeschälten Erdäpfel in Salzwasser weich kochen, schälen und, noch heiß, sofort passieren. Die Masse auskühlen lassen und die übrigen Zutaten für den Teig hinzugeben.
- Nach kurzem Rasten den Kartoffelteig zu einer Rolle formen, Scheiben abschneiden, auf die Handfläche legen und die Marillen mit leichtem Druck umhüllen. In leicht köchelndem Salzwasser ca. 25 Minuten ziehen lassen. Tipp von Frau Saahs: Mit einem Probeknödel zuerst probieren!
- Die Knödel mit einem Sieb oder Schaumlöffel aus dem Wasser heben, abtropfen lassen und in den Butterbröseln wälzen. Mit Marillenröster anrichten und gut überzuckern.

Weinempfehlung: Nikolaihof vom Stein: Riesling Federspiel

Ratschendorf
Steiermark

»MEI LIABSTE WEIS«
aus der »Mostschenke im Gewölbe«
in Ratschendorf, Steiermark

Steirisches Backhendl mit Endivien-Erdäpfelsalat

In den Herbsttagen findet in der Südsteiermark die Kürbisernte statt. Die dabei gewonnenen Kürbiskerne bilden die Grundlage der heimischen Küche. Die Bäuerin Rosa Scherhäufl bereitet daher für ihre »Liabste Speis« eine Kürbiskernsuppe zu, und mariniert den Endivien-Erdäpfelsalat mit Kürbiskernöl. Als Hauptspeise gibt's ein steirisches Backhendl.

Zutaten (4 Personen)

1 Hendl, ca. 1 1/2 kg
Salz

zum Panieren:
Mehl, 2 Eier, Semmelbrösel
3/4 kg Schweineschmalz (oder Öl)

Salat:
8 gekochte Erdäpfel
Endiviensalat
2 Knoblauchzehen
1 Prise Zucker
Kürbiskernöl
Apfelessig
Prise Salz

- Das Hendl teilen: Zuerst mit einem scharfen Messer Keulen und Flügerln abtrennen, den restlichen Rumpf mit einer Geflügelschere vierteln. Die Brüste können dann nochmals geteilt werden.
- Die Hendelteile salzen, panieren (Mehl, Ei, Brösel) und im heißen Fett langsam herausbacken.
- Salat: Gekochte Erdäpfel in dünne Scheiben schneiden und mit dem grob geschnittenen Endiviensalat mischen. Zerdrückten Knoblauch, Zucker, Kernöl und Apfelessig zugeben. Zum Schluss salzen und gut mischen.

Zum Backhendl wird in der Südsteiermark hauptsächlich Most getrunken.

Vorspeise

Kürbiskernsuppe

Zutaten (4 Personen)
2 EL Schweineschmalz
1 Zwiebel
1/2 Kochkürbis
2 kleine Erdäpfel
1 l Rindsuppe
2 EL Mehl
Pfeffer
Salz
Petersilie,
Liebstöckl, Salbei

- Das Schweineschmalz (Kalorienbewusste können auch Öl nehmen) in einem Topf erhitzen.
- Die klein geschnittene Zwiebel darin anschwitzen. Den Kürbisinhalt und die 2 Kartoffeln passieren und mit der Zwiebel leicht weiterrösten. Pfeffern, salzen, Kräuter zugeben und mit der Rindsuppe aufgießen.
- Das Mehl in etwas kaltem Wasser versprudeln, der Suppe beimengen, kurz aufkochen und mit gerösteten Kürbiskernen bestreut servieren.

Die Bäuerin Rosa Scherhäufl bereitet für ihre liabste Speis Kürbiskernsuppe, Backhenderl und einen Zwetschkenfleck zu. Mahlzeit!

Zwetschkenfleck

Zutaten (für 1 Backblech)

Teig:
1/2 kg griffiges Weizenmehl
1 TL Salz
10 dag Butter
1 Ei
1/4 l Milch
10 dag Zucker

Dampfl:
4 dag Germ
10 dag Zucker
1/8 l Milch

Fülle:
1/2 kg Topfen
1/4 l Sauerrahm
Prise Salz
10 dag Zucker
1 Ei

25 Zwetschken zum Belegen

- Die Zubereitung eines Germteiges beginnt mit der Herstellung eines »Dampfls«. Dazu werden 1/8 l Milch mit 2 EL Zucker erwärmt. Den Germ hineinbröseln und rasten lassen.
- Nun das Dampfl mit Mehl, Salz, Milch und Butter so lange abschlagen, bis sich Blasen gebildet haben. Zugedeckt stehen lassen, bis sich die doppelte Masse gebildet hat.
- Den Germteig tüchtig durchkneten und zur Backblechgröße auswalken. Backblech mit etwas Fett bestreichen und den Teig ins Backblech heben.
- Zur Herstellung der Fülle werden alle Zutaten gut verrührt und der Teig damit bestrichen. Die Fülle wird mit den halbierten und entkernten Zwetschken mit der Schnittfläche nach oben belegt. Bei 150° 30 Minuten lang backen.

Puch bei Weiz

Steiermark

»MEI LIABSTE WEIS«
aus dem »Kirchenwirt« in Puch bei Weiz
in der Steiermark

Erdäpfelwurst mit Sauerkraut und Schweinsbraten

Puch bei Weiz, im Herzen des steirischen Hügellandes, ist die größte Apfelgemeinde Österreichs. Kein Wunder, dass Gerlinde Wiesenhofer, Bäurin am »Hoadnban-Hof« als Vorspeise ihrer »Liabsten Speis« einen gefüllten Apfel mit Mulbratl zubereitet. Als Hauptspeise empfiehlt sie ein traditionelles oststeirisches Gericht, das aus einem unterirdischen Namensverwandten des Apfels hergestellt wird: dem Erdapfel. Die Erdäpfelwurst wurde in früheren mageren Zeiten nur mit Sauerkraut gegessen. Gerlinde Wiesenhofer empfiehlt eine Scheibe Schweinsbraten als Zuspeise.

Zutaten (4 Personen)

Erdäpfelwurst:
2 kg speckige Erdäpfel
Majoran, Kümmel, Salz
3 Knoblauchzehen
2 m Naturdarm vom Schwein

Sauerkraut:
1 kg Sauerkraut
1 Lorbeerblatt
Wacholderbeeren, Prise Salz

Schweinsbraten:
1 kg Schopfbraten
2 Knoblauchzehen, Kümmel, Salz

- Erdäpfelwurst: Für das Wurstbrät die rohen Erdäpfel fein reiben und mit den Händen oder einem Tuch fest ausdrücken. Mit Salz, Kümmel, Majoran und dem gepressten Knoblauch würzen. Wer keine Wurstmaschine besitzt, kann das Brät danach auch mit einem Trichter und einem Kochlöffelstiel in den Darm stopfen. Die beiden Wurstenden zuknüpfen. Die Wurst 10 Minuten in heißem (nicht kochendem!) Wasser ziehen lassen. 30 Minuten bei mäßiger Hitze goldbraun braten. Tipp: Sticht man die Wurst vor dem Braten mehrmals mit einer Nadel ein, vermeidet man das Aufspringen!

- Sauerkraut: Das rohe Sauerkraut in einen Topf mit etwas Wasser geben, würzen und ca. 30 Minuten leicht kochen lassen.

- Schweinsbraten: Das Fleisch würzen, scharf anbraten und im Rohr bei 190° ca. 2 Stunden braten. Tipp: Kalorienbewusste braten den Schweinsbraten nicht in heißem Fett an, sondern legen ihn in etwas heiße Suppe und garen ihn dann im Rohr fertig!

Vorspeise

Gefüllte Äpfel mit Mulbratl

Zutaten (4 Personen)

2 säuerliche, mürbe Äpfel (Lobo oder McIntosh)
10 dag Karotten
10 dag Erbsen
3 Essiggurken
1/4 l Sauerrahm
Salz und Pfeffer
Zitronensaft
Vogerlsalat
10–15 dag Mulbratl (geräuchertes Karree vom Schwein)

- Karotten und Erbsen in Salzwasser bissfest kochen, abkühlen lassen. Die Äpfel halbieren, aushöhlen und die Innenseiten mit Zitronensaft beträufeln.
- Das Fruchtfleisch der Äpfel und die Essiggurken klein hacken, Karotten und Erbsen dazugeben, mit Sauerrahm mischen und würzen. Damit die ausgehöhlten Äpfel füllen, mit Vogerlsalat und den Mulbratlscheiben anrichten.

Zur Erdäpfelwurst, die auch ohne Schweinsbraten ein Genuss ist, schmeckt am besten Apfelmost oder Bier!

Heidenmehlroulade

Zutaten (4 Personen)

6 Eier
14 dag Zucker
1 Packerl Vanillezucker
5 dag gehackte Schokolade
10 dag Heidenmehl (Buchweizenmehl)
1 TL Backpulver
Preiselbeermarmelade
Butter
Mehl
Staubzucker

- Die Eier trennen. Das Eiklar zu einem festen Schnee schlagen. Die Dotter mit Zucker und Vanillezucker schaumig rühren. Heidenmehl, Backpulver und gehackte Schokolade einrühren, danach den Schnee leicht unterheben.
- Ein Backblech mit Backpapier belegen, mit Butter einfetten und mit etwas Mehl bestauben. Mit dem Teig bestreichen und 12 Minuten bei 200° auf mittlerer Schiene backen.
- Sofort nach dem Backen mit Preiselbeermarmelade bestreichen und einrollen. Mit Staubzucker bestreuen.

Heiden- oder Tatarenkorn wurde er genannt: der Buchweizen. Und das, weil ihn angeblich »heidnische« Völker aus dem Osten zu uns brachten. Der Begriff »Heidenmehl« ist in der Oststeiermark aber auch heute noch gebräuchlich.

Schladming
Steiermark

»MEI LIABSTE WEIS«
aus der »Schladminger Hütte«
in Schladming-Rohrmoos, Steiermark

Steirisches Wurzelfleisch

Seit der erfolgreichen Züchtung des Hausschweins steht das steirische Wurzelfleisch auf dem bäuerlichen Speiseplan und zählt zu den steirischen »Nationalgerichten«. Von Frau Christine Perner, Wirtin des Landgasthauses Kalkschmied in Schladming, stammt das Rezept ihrer »Liabsten Speis«.

Zutaten (4 Personen)
1 kg Schweinefleisch
(Schulter- oder Bauchfleisch mit Schwarte)
40 dag geschältes Wurzelwerk
(5 Karotten,
Petersilien- und Selleriewurzel,
1 Bund Petersilie)
1 Zwiebel
3 EL Weinessig
1 Lorbeerblatt
3 Knoblauchzehen
Pfefferkörner
Kümmel
Majoran
Kren
Salz, Essig

- In einem großen Topf Wasser mit dem Essig zum Kochen bringen. Zum kochenden Essigwasser das Fleisch dazugeben. Zwiebel, Lorbeerblatt, Pfefferkörner, Kümmel, Knoblauchzehen, Majoran dazugeben und das Ganze eine halbe Stunde aufkochen.

- Das Wurzelwerk (nudelig geschnitten) dazugeben und weich (bissfest) kochen lassen.

- Das Fleisch in Scheiben schneiden, auf den Essteller geben und mit Suppe samt dem geschnittenen Wurzelwerk übergießen. Das Wurzelfleisch mit frisch geriebenem Kren verfeinern und mit Salzkartoffeln servieren. Guten Appetit!

Zum Wurzelfleisch empfiehlt Frau Perner steirischen Welschriesling

Vorspeise

Ennstaler Rahmsuppe

Zutaten (4 Personen)

4 dag Schweinefett
(oder Butter oder Öl)
5 dag Mehl
Suppe
Kümmel
Essig
Rahm
Schnittlauch
Schlagobers
Schwarzbrotwürfel
etwas Butter

- Mit dem Schweinefett und dem Mehl eine helle Einbrenn machen, mit Suppe oder Wasser aufgießen und glatt verarbeiten. Essig, Rahm und etwas Kümmel dazugeben und die Suppe aufkochen lassen.
- Die Schwarzbrotwürfel in etwas Butter anrösten und über die Suppe streuen. Zum Schluss die Suppe mit Schnittlauch und Schlagobers verzieren.

Mostpalatschinken

Zutaten (4 Personen)

Teig:
1/4 kg Mehl
1/4 l Milch
1/4 l Most (herb)
4 Eier
Salz
Butter zum Herausbacken

Fülle:
20 dag Apfelmus
5 dag grob geriebene Nüsse
5 dag Dörrzwetschken
Staubzucker zum Bestreuen
Schuss Schnaps oder Rum

- Für den Palatschinkenteig Mehl, Milch, Most und Eier in einer Schüssel verrühren und in einer tiefen Pfanne Palatschinken herausbacken.
- Die fein gehackten Dörrzwetschken und Nüsse in Schnaps oder Rum einweichen und mit dem Apfelmus vermischen. Die Omeletten damit füllen, mit Staubzucker bestreuen und servieren.

Hirschegg
Steiermark

»MEI LIABSTE WEIS«
aus dem Gasthof »Moasterhaus«
am Salzstiegl in Hirschegg, Steiermark

Hirschegger Hirschgeschnetzeltes

Anna Ziry ist gelernte Köchin und seit 16 Jahren Bäuerin beim »Langitzer« in Hirschegg. Das von ihr verwendete Fleisch, Gemüse und Obst stammt normalerweise vom eigenen Hof. Der Hirsch für ihre »Liabste Speis« kommt aus den Wäldern der nahe gelegenen Pack-Alpe.

Zutaten (4 Personen)
1 kg Hirschschlögel
10 dag Butter oder Pflanzenöl
2 mittelgroße Zwiebeln
Majoran
3 Lorbeerblätter
3 EL Preiselbeermarmelade
1/8 l Rotwein
1/4 l Suppe
2 EL Sauerrahm und
1 EL Mehl zum Binden
Pfeffer & Salz

- In einer Pfanne die Butter zerlassen und das in mittelgroße Stücke geschnittene Fleisch scharf anbraten, würzen und aus der Pfanne nehmen.
- Die fein gehackten Zwiebeln anlaufen lassen, die Preiselbeermarmelade dazugeben, mit Rotwein ablöschen und mit dem Fleisch mischen. Mit Suppe aufgießen und so lange dünsten, bis das Fleisch weich ist.
- Zum Schluss den Sauerrahm mit dem Mehl verquirlen und zum Binden der Sauce zum Fleisch geben. Das Ganze kurz aufkochen und servieren.

Anna Ziry empfiehlt zu ihrem Hirschgeschnetzelten gedünstetes Blaukraut und Serviettenknödel als Zuspeisen.

Grundlsee

Steiermark

»MEI LIABSTE WEIS«
aus dem Gasthaus »Rostiger Anker«
in Grundlsee, Ortsteil Gössl, Steiermark

Hauptspeise

Krautstrudel mit Erdäpfelsalat

Im steirischen Salzkammergut, dem Ausseer Land, ist der Krautstrudel alte Hausmannskost. Liebevoll und gschmackig zubereitet wie von Margaretha Köberl, Wirtin vom Gasthof Veit in Gössl, kann er ein wahrer Leckerbissen sein. Nicht umsonst ist er die Lieblingsspeise von Johannes Heesters und Peter Fröhlich, wenn sie Station am Grundlsee machen. Auch Paula Wessely und Horst-Friedrich Mayer schätzten den Gössler Krautstrudel über alle Maßen.

Zutaten (4 Personen)

Strudelteig:
25 dag Weizenmehl
2 EL Öl
1 Prise Salz
1/4 l Wasser

Fülle:
3 dag Zucker
4 dag Fett
1/2 fein geschnittene Zwiebel
60 dag geschnittenes Weißkraut
etwas Salz und Kümmel
25 dag gekochtes Geselchtes

Salat:
6 gekochte Erdäpfel
1/2 Zwiebel
etwas gehackte Petersilie
Essig und Öl
Salz nach Geschmack
1 EL Senf
1 Schuss Rindsuppe

- Für den Strudelteig das Mehl mit dem Öl vermengen, salzen, das Wasser hinzufügen, die Masse zu einem geschmeidigen Teig kneten und diesen 1 Stunde ruhen lassen.
- Für die Fülle den Zucker in heißem Fett bräunen, die Zwiebel hinzufügen und anlaufen lassen. Das Kraut, Salz und Kümmel beimischen. Das Ganze 20 Minuten dünsten und anschließend gut auskühlen lassen.
- Diese Masse und das fein gewiegte Geselchte auf dem dünn ausgezogenen Teig verteilen, das Ganze zu einem Strudel rollen und im vorgeheizten Rohr bei 180° ca. 30 Minuten hellbraun backen.
- Für den Salat die Erdäpfel blättrig schneiden, mit Zwiebel und Petersilie mischen und die aus den restlichen Zutaten zubereitete Marinade darüber gießen.

Der Strudelteig muss so dünn sein wie Zeitungspapier, erst dann schmeckt's richtig gut!

Vorspeise

Knod'nsupp'n

Zutaten (4 Personen)

10 dag würfelig geschnittener Speck
1 fein gehackte Zwiebel
25 dag Sauerkraut
1 El scharfes Paprikapulver
1 l Wasser (oder Selchsuppe)
2 kleine geriebene Erdäpfel
1/8 l Sauerrahm

- Den Speck kurz anrösten, die Zwiebel dazugeben und goldbraun rösten, das Sauerkraut beimengen, mit Paprika würzen, mit Wasser aufgießen und die Erdäpfel einrühren.
- Das Ganze gut durchmischen und 25–30 Minuten kochen lassen, zuletzt den Rahm unterziehen, aber nicht mehr aufkochen lassen!
- Tipp: Dazu passen sehr gut Erdäpfelknöderln.

Almsuppe

Zutaten (4 Personen)

1/2 l Sauerrahm
1/4 l Milch
2 TL Kümmel
etwas Salz
20 dag in Stücke geschnittenes altes Roggenbrot als Einlage

- Alle angegebenen Zutaten miteinander verrühren und dann langsam zum Kochen bringen. Die Brotstückchen auf die Teller verteilen und mit der heißen Suppe übergießen.

St. Lorenzen im Mürztal

Steiermark

»MEI LIABSTE WEIS«
aus dem Wirtshaus »Steirereck« am Pogusch
in St. Lorenzen, Steiermark

Schnitzel vom Maibock mit Pilzen und Polenta-Zucchini-Nudel

Die Gegend um den Pogusch ist wegen ihres Wildreichtums bekannt. Am 1. Mai beginnt nach der Schonzeit die von den Jägern lang ersehnte Jagdsaison. »Maibock« nennen sie den einjährigen Rehbock. Sein dunkelrotes Fleisch ist besonders schmackhaft – zartfaserig und von feinem Aroma. Sabrina Anninger kocht für ihr Leben gerne. Sie bekam schon in der Schule für ihr Kochtalent immer einen Einser und ist ganz wild auf Wild. Ihre »Liabste Speis« ist Schnitzel vom Maibock mit Pilzen und Polenta-Zucchini-Nudel.

Zutaten (4 Personen)

Schnitzel:
4 Stk. Rehschnitzel (à 16 dag)
Salz
Pfeffer aus der Mühle
Öl zum Anbraten
1/16 l Rotwein
1/4 l Rehsoße
1 EL Oregano gehackt (frisch)
4 dag Butterflocken

Pilze:
25 dag Pilze gemischt
Butter zum Anbraten
2 EL Petersilie gehackt
1 Prise Kümmel gemahlen
Salz & Pfeffer

Rehsoße:
1 kg Wildknochen
1/8 l Öl zum Anbraten
1/8 l Rotwein
1/4 l roter Portwein
30 dag Wurzelgemüse
(Karotten, Sellerie, gelbe Rüben)
2 Zwiebeln
Lorbeerblatt
Wacholderbeeren
Thymian

- Die Rehschnitzel klopfen und mit Salz und Pfeffer würzen. In einer Pfanne etwas Öl erhitzen, die Schnitzel beidseitig scharf anbraten und beiseite stellen. Den Bratensatz mit Rotwein ablöschen, fast zur Gänze reduzieren und mit Rehsoße auffüllen. Den Oregano dazugeben und mit den Butterflocken binden. Die Rehschnitzel wieder in die Pfanne geben und erwärmen.

- Die Pilze putzen und in kleine Stücke schneiden. Butter in einer Pfanne zerlaufen lassen und die Pilze darin anrösten. Pfeffern, salzen und mit Petersilie und Kümmel abschmecken.

- Für die Rehsoße die Wildknochen in heißem Öl ca. 10 Minuten anbraten. Grob geschnittenes Wurzelwerk und Zwiebeln dazugeben und weitere 10 Minuten rösten. Mit Rot- und Portwein ablöschen und mit 1 Liter Wasser aufgießen. Das Ganze auf die halbe Menge reduzieren und abseihen. Die Gewürze dazugeben und bei mittlerer Hitze so lange einkochen, bis die Soße etwas eingedickt ist. Mit Salz abschmecken.

Beilage

Polenta-Zucchini-Nudel

Zutaten (4 Personen)

2 gekochte Nudelblätter (15 x 10 cm)
2 Blätter Reisteig (Frühlingsrollenteig)
2 Stk. Zucchini
Salz, Pfeffer
Thymian
1/3 l Milch
1/10 l Obers
Salz, Pfeffer
Muskat
2 dag Butter
6 dag Polenta
2 EL Olivenöl

- Die Milch mit den Gewürzen und der Butter aufkochen. Polenta langsam einrühren und für ca. 30 Minuten ins 160° heiße Rohr schieben. Die Polenta aus dem Rohr nehmen und abkühlen lassen.
- Die Zucchini in 5 mm dicke Scheiben schneiden, mit Salz, Pfeffer und Thymian würzen, in Olivenöl beidseitig anbraten.
- Die Reisteigblätter (Frühlingsrollenteig) auslegen, mit Butter bestreichen, abwechselnd mit einer Schicht Nudelblätter, Polenta und Zucchini belegen, einschlagen. Die beiden Nudeln in Olivenöl anbraten, wenden und bei 180° im Rohr goldbraun braten.
- Zum Servieren die Polenta-Zucchini-Nudeln in vier Portionen aufteilen und mit den Schnitzeln auf einem Teller anrichten. Das Fleisch mit der Soße übergießen und die Pilze darauf verteilen.

St. Andrä/Kitzeck

Steiermark

»MEI LIABSTE WEIS«
aus dem »Schlosskeller Harrachegg«
in St. Andrä/Kitzeck im Sausal in der Südsteiermark

G'füllte Henn auf Braterdäpfeln

In der traditionellen steirischen Küche wird das Huhn auf verschiedene Arten zubereitet. Es wird gebacken, gebraten oder gekocht verzehrt. Heidi Pronegg, Weinbäurin aus Kitzeck im Sausal, Europas höchstgelegenem Weinbauort, bereitet ihre »Liabste Speis« nach einem Rezept ihrer Großmutter zu: G'füllte Henn auf Braterdäpfeln.

Zutaten (4 Personen)
Brathendl (ca. 1 1/2 kg schwer)
Semmelwürfel von 4 Semmeln
3/8 l Milch
3 Eier
1 Bund Petersilie
1 kleine Zwiebel
1/2 kg Erdäpfel
4 EL Pflanzenöl
Salz & Pfeffer

- Semmelwürfel, Milch und Eier in eine Schüssel geben und gut verrühren. Petersilie und Zwiebel fein hacken, zur Masse geben, mit Pfeffer und Salz würzen und gut durchmischen.
- Das Hendl waschen, trocken tupfen und innen und außen salzen. Die vorbereitete Fülle in den Bauch und unter die Haut geben.
- Die rohen Erdäpfel schälen, in Spalten schneiden und in eine Rein (Bräter) geben. Mit Öl beträufeln, Pfeffer und Salz darüber streuen, das Huhn darauf legen und ca. 1 1/2 Stunden bei 180° im Rohr braten.
- Heidi Sebernegg empfiehlt als Zuspeise grünen Salat, mariniert mit Kürbiskernöl, rotem Weinessig und etwas Salz.

Zur g'füllten Henn trinkt man am besten Riesling!

Perg
Oberösterreich

»MEI LIABSTE WEIS«
aus dem »Karlingberger Mostheurigen«
in Perg, Oberösterreich

Naarntaler Festtagsbraten

An der südlichen Grenze des Mühlviertels, wenige Kilometer vor der Mündung der Naarn in die Donau, liegt das idyllische Städtchen Perg. Direkt neben der Pfarrkirche betreiben Theresa und Alexander Pochlatko den Rösslwirt. Alexander war viele Jahre lang Chefkoch in mehreren Wiener Haubenrestaurants, ehe er wieder in seine Heimatstadt Perg zurückkehrte. Theresa stammt aus einer Wiener Heurigenfamilie in Nussdorf. Sie bereiten gemeinsam ihre »Liabste Speis« zu: einen Naarntaler Festtagsbraten.

Zutaten (4 Personen)
1 kg Rindsschulterscherzl
2 mittelgroße Zwiebeln
3 Knoblauchzehen
5 Karotten
5 gelbe Rüben
1 Sellerie
1 Fenchel frisch
20 dag grüne Bohnen
je 1 kleiner Bund Rosmarin und Thymian
Lorbeer
Salz und Pfeffer aus der Mühle
Zucker
Senf
Mühlviertler Schinkenspeck (1 cm dicke Stifte ca. 15–20 cm lang)
1 EL Tomatenmark
0,4 l Rotwein (je besser der Wein, desto besser die Soße!)
1 l Rindssuppe
Rapsöl

- Die Karotten, die gelben Rüben und den Sellerie schälen und in kleine Stücke schneiden. Den Fenchel in kleine Spalten teilen.
- Schulterscherzl mit Mühlviertler Schinkenspeck spicken und mit Senf und Pfeffer einreiben. Von allen Seiten in heißem Öl anbraten.
- Das Fleisch aus der Pfanne nehmen, die grob geschnittenen Zwiebeln mit einem Drittel des geschnittenen Gemüses unter ständigem Rühren braun anbraten. Tomatenmark dazugeben und kurze Zeit mitbraten – mit der Hälfte des Rotweins ablöschen. Einkochen, bis die gesamte Flüssigkeit verdampft ist. Den restlichen Rotwein dazugeben.
- Fleisch zurück in die Pfanne legen und frische Kräuter (Rosmarin, Thymian und Lorbeer) und Knoblauch dazugeben. Mit Rindsuppe aufgießen, bis das Fleisch gerade bedeckt ist. Deckel auf die Pfanne geben und im vorgeheizten Backrohr bei Ober- und Unterhitze bei 170° 1 1/2 Stunden lang schmoren.

- Das fertige Fleisch aus der Pfanne nehmen, in Alufolie einpacken und im abgedrehten, noch warmen Backrohr rasten lassen.
- Grüne Bohnen in 3 cm lange Stücke schneiden und mit dem übrigen Gemüse in wenig Butter anbraten. Die entstandene Fleischsauce durch eine Flotte Lotte auf das Gemüse passieren und ca. 10–12 Minuten bei leichter Hitze köcheln lassen. Sauce mit Salz, Pfeffer und Zucker abschmecken.
- Das Fleisch in Scheiben schneiden und mit der Gemüsesauce und Kartoffelpüree anrichten.

Wer das Fleisch besonders saftig haben will, sollte es statt bei 170° bei 140° ca. 2 1/2 Stunden schmoren! So wird das Fleisch langsamer und schonender gegart, es wird weicher, saftiger und auch die Sauce wird besser!

Wippenham
Innviertel, Oberösterreich

»MEI LIABSTE WEIS«
aus dem »Loryhof« in Wippenham,
Innviertel, Oberösterreich

Innviertler Speckknödel

Das Schwein gehört schon seit Jahrhunderten zur »Grundausstattung« jedes Innviertler Kleinbauern. Ein Teil der Tiere wurde zu sogenannten »Speck-Sauen« gemästet. Dieser Speck wurde in speziellen Holzfässern haltbar gemacht, er wurde gesurt. Surspeck ist Hauptbestandteil der Innviertler Speckknödel. Sie können auch mit Grammeln, geselchtem Speck oder Brat (Haschee, Faschiertes) gefüllt werden. Christine Kettl bereitet in der »Mühle z'Mairing« in Wippenham ihre »Liabste Speis« zu.

Zutaten

(für ca. 40–45 Knödel, 6 Portionen)
Die Knödel können vor dem Sieden problemlos tiefgekühlt werden!

Teig:
1/2 kg Mehl
1 gestrichener TL Salz
1/8 l Öl
1/4 l heißes Wasser

Fülle:
1/2 kg Surspeck oder geselchter Speck
1 Bund Schnittlauch
Salz und Pfeffer

- Für die Knödelfülle wird der Speck kleinwürfelig geschnitten. Den Schnittlauch ebenfalls schneiden, mit dem Speck vermischen und mit Salz und Pfeffer würzen. Mit beiden Händen kleine Knödel von ca. 2 bis 3 cm Durchmesser formen. Die Knödel kalt stellen, damit sie sich später leichter mit dem Teig umwickeln lassen!
- Für den Teig werden alle Zutaten verrührt und schnell mit dem heißen Wasser verarbeitet. Den Teig gut durchkneten und eine halbe Stunde rasten lassen.
- Die gekühlte Knödelfülle mit Teig dünn umhüllen und Knödel wickeln. In kochendes Salzwasser geben und 10 Minuten ziehen lassen.
- Die Knödel sind fertig, wenn sie an der Wasseroberfläche schwimmen. Auf Sauerkraut anrichten.

Im Innviertel trinkt man zu den Speckknödeln Most.

Vorspeise

Erdäpfelsuppe

Zutaten (4 bis 6 Personen)

1/2 kg Erdäpfel (4–5 Erdäpfel)
2 Karotten
Zwiebel
Salz und Pfeffer
3 dag Butter
»Beizkräuterl« (Thymian, Lorbeerblatt)
1 Schuss Essig, etwas Mehl

- Die Butter in einer Pfanne erhitzen und die gehackte Zwiebel darin gelb anlaufen lassen. Die würfelig geschnittenen Erdäpfel und Karotten dazugeben, mit dem Mehl stauben, mit Wasser aufgießen, würzen und so lange kochen, bis die Erdäpfel weich sind.

Mit viel Schnittlauch bestreut schmeckt die Erdäpfelsuppe besonders gut!

Radlkrapfen

Zutaten (4–6 Personen)

1/2 kg glattes Weizenmehl
10 Eier: 3 Eier ganz, 7 Dotter
1 Prise Salz
1 Stamperl Rum
Schuss Schnaps
Butterschmalz zum Herausbacken
Staubzucker zum Bestreuen

- Alle Zutaten vermengen, sehr gut kneten und 1/2 Stunde zugedeckt rasten lassen.
- Mit einem Nudelholz ganz dünne tellergroße Teigflächen ausrollen. Mit einem Teigradl werden in 1–2 cm großen Abständen von unten nach oben Schlitze in den Teig geschnitten, ohne dass die Teigränder durchgetrennt werden. Nun fädelt man einen Kochlöffelstiel durch die Teigschlitze (wie beim Stopfen), hebt den letzten Teigrand über die vorderen Teigstreifen darüber und lässt nun den Teig vom Kochlöffel in ein enges Gefäß mit heißer Butter hängen. Goldbraun backen und vorsichtig umdrehen. Mit Staubzucker kräftig bestreuen.

St. Lorenz im Mondseeland

Oberösterreich

»MEI LIABSTE WEIS«
aus dem Landhotel »Eichingerbauer«
in St. Lorenz im Mondseeland, Oberösterreich

Mondsee-Reinanken mit Frühlingszwiebeln und Knoblauch

Am Bodensee heißt er Renken, in Bayern Felchen, am Mondsee Reinanken – der wichtigste Speisefisch des Mondseelandes. Schon vor 1.000 Jahren befürchteten die Mönche des Mondseer Benediktinerklosters das Aussterben der Reinanken durch Überfischung. Der hervorragenden Wasserqualität des Mondsees ist es zu verdanken, dass es diesen vorzüglichen Fisch auch heute noch gibt. Anneliese Gimpl, Bäuerin vom Exeihof in St. Lorenz, bereitet ihre „Liabste Speis" zu.

Zutaten (4 Personen)
4 Mondsee-Reinanken
(falls keine frischen Reinanken erhältlich sind, eignen sich auch Saiblinge oder Forellen)
Salz
frisch gemahlener Pfeffer
5 EL Mehl
5 EL Olivenöl
6 EL Butter
2 Bund Frühlingszwiebeln
4 Knoblauchzehen
Saft einer Zitrone

- Knoblauchzehen schälen und in feine Scheiben schneiden. Frühlingszwiebeln waschen, putzen und in 3 cm lange Stücke zerteilen.
- Die Reinanken mit Salz, Pfeffer und etwas Zitronensaft würzen und mit Mehl bestäuben. Das Olivenöl in einer Pfanne erhitzen und die Reinanken auf beiden Seiten braun anbraten. Herausnehmen und im Rohr noch 10 Minuten bei ca. 180° fertig backen.
- In der Zwischenzeit die Butter in die Pfanne geben und Jungzwiebeln und Knoblauch darin glasig dünsten. Butter, Knoblauch und Jungzwiebeln über die angerichteten Reinanken geben, mit Petersil-Erdäpfeln servieren.

Zu den Mondsee-Reinanken empfiehlt Anneliese Gimpl trockenen Weißwein.

St. Ulrich bei Steyr
Oberösterreich

»MEI LIABSTE WEIS«
aus dem »Landgasthof Mayr«
in St. Ulrich, Oberösterreich

Hauptspeise

Bauchfleisch mit Sauerkrautfüllung

Die Bauern, Bergwerksarbeiter, Sensenmacher und Messerer entlang der Eisenstraße mussten immer schon hart arbeiten. Deshalb ist auch die »Liabste Speis« von Maria Leick, Bäuerin am Lankl-Hof, diesmal üppig ausgefallen.

Zutaten (4 Personen)
1 1/2 kg Bauchfleisch
Pfeffer, Salz
1/2 kg Sauerkraut
Paprika, Kümmel
1 Ei
1 Zwiebel
2 Knoblauchzehen
Rindsuppe zum Aufgießen
Öl

- In das Bauchfleisch mit einem scharfen Messer seitlich eine Tasche schneiden. Außen und innen mit Salz und Pfeffer würzen.
- Das Sauerkraut mit Kümmel, Paprika und dem Ei vermischen und in die Tasche füllen. Mit Küchengarn zunähen.
- Die Schwarte kreuzförmig einschneiden, Öl in einer Pfanne erhitzen und das Fleisch mit der Schwarte nach oben kurz anbraten. Den Knoblauch draufpressen, mit Rindsuppe aufgießen und bei mittlerer Hitze im Rohr 1 1/2 Stunden braten.
- Die Schwarte ab und zu mit Salzwasser bepinseln, damit sie schön knusprig wird. Vor dem Servieren in Scheiben schneiden, mit gekochten Erdäpfeln und Salat anrichten.

Eine deftige Speis von Maria Leick, Bäuerin am Lankl-Hof

Vorspeise

Sauhaxlsuppe

Zutaten (4 Personen)

4 Sauhaxln, in Scheiben geschnitten (keine Schweinsstelzen!)
2 Karotten
1 Bund Petersilie
1/2 Stange Lauch
1 Zwiebel
1/2 Knollensellerie
1/16 l Essig
Majoran, Lorbeerblatt, Bohnenkraut

Einbrenn:
1/8 Butter, 6 EL Mehl

- Die 4 Sauhaxln in Scheiben schneiden und in ca. 3 l Wasser zum Kochen bringen. Gemüse und Gewürze dazugeben und 1 1/2 Stunden kochen lassen.
- Sauhaxln und Gemüse aus dem Topf nehmen und die Suppe mit einer Einbrenn verfeinern. Dazu die Butter in einer Pfanne zergehen lassen, das Mehl zugeben und unter ständigem Rühren warten, bis das Mehl eine hellbraune Farbe erhalten hat. Einbrenn in die Suppe geben, abschmecken und servieren!

Dörrobstknödel

Zutaten (4 Personen)

Teig:
25 dag mehlige Erdäpfel
3 dag Gries
10 dag griffiges Mehl
1 Ei
1 EL Topfen
1 dag flüssige Butter

Fülle:
10 dag getrocknete Zwetschken
10 dag getrocknete Marillen
15 dag getrocknete Äpfel
5 dag gehackte Nüsse

Fruchtsauce:
Powidl
Zitronensaft
Zucker, Zimt
Stärkemehl

- Für den Teig die Erdäpfel kochen, schälen und pressen. Alle anderen Zutaten mit den noch heißen Erdäpfeln vermengen und rasch zu einem Teig kneten.
- Für die Fülle das Dörrobst durch den Fleischwolf treiben, die gehackten Nüsse dazugeben, mischen und zu kleinen Kugerln formen. Die Kugerln mit Teig umhüllen und im Salzwasser 12 bis 15 Minuten leicht köcheln lassen. Anschließend in gerösteten Semmel- oder Nussbröseln drehen. Mit Fruchtsauce anrichten.
- Fruchtsauce: Powidl mit Wasser vermischen. Zitronensaft, Zucker und Zimt aufkochen lassen und mit in etwas kaltem Wasser aufgelöstem Stärkemehl binden.

Die Dörrobstknödel von Frau Leick sind eine wahre Gaumenfreude!

Strobl am Wolfgangsee
Salzburg

»MEI LIABSTE WEIS«
aus dem Gasthof »Zur Wacht«
in Strobl am Wolfgangsee, Salzburg

Tafelspitz mit g'rösteten Erdäpfeln und Semmelkren

Der Wolfgangsee zog schon zu Kaisers Zeiten Gäste aus ganz Europa ins Salzkammergut. So lud Kaiser Franz Joseph seine Sisi zur Verlobungsfahrt auf ein Dampfschiff am Wolfgangsee ein. Das Lieblingsessen des Kaisers war sehr weich gekochter Tafelspitz, sodass er das Fleisch ohne Verwendung eines Messers nur mit der Gabel zerteilen konnte. Gekochter Tafelspitz ist auch die »Liabste Speis« von Maria Zopf. Sie wuchs auf dem Bauernhof ihrer Eltern in St. Gilgen am Wolfgangsee auf, erlernte den Beruf einer Köchin und arbeitet zurzeit als Verkäuferin.

Zutaten (4 Personen)
60 dag Tafelspitz
1 Markknochen oder Ochsenschlepp
30 dag Wurzelgemüse
(Karotten, Knollensellerie, Lauch)
1 Lorbeerblatt
Wacholderbeeren
Muskatnuss
Pfefferkörner
Salz

- Das Wurzelgemüse schälen, waschen, in grobe Stücke schneiden und in einem großen Topf in leicht gesalzenem Wasser zum Kochen bringen. Fleisch und Markknochen mit kalten Wasser abwaschen, mit den Gewürzen zum kochenden Gemüse geben und ca. 1 1/2 Stunden weich kochen. Das Fleisch muss vom Wasser bedeckt sein, den aufsteigenden Schaum immer wieder abschöpfen. Den Tafelspitz aus der Suppe nehmen und quer zur Faser in Scheiben schneiden.Während das Rindfleisch gart, ist Zeit für die g'rösteten Erdäpfel und den Semmelkren.

Tafelspitz ist die »Liabste Speis« von Maria Zopf.

G'röstete Erdäpfel

Zutaten (4 Personen)

1/2 kg Erdäpfel
1 Zwiebel
1 EL Butter oder Öl
Majoran
Kümmel
Salz
Pfeffer

- Die Erdäpfel kochen, schälen und in dünne Scheiben schneiden. In einer Pfanne das Fett erhitzen und die in kleine Würfel geschnittene Zwiebel goldgelb anbraten. Die geschnittenen Erdäpfel dazugeben und rösten. Mit Salz, Pfeffer, Majoran und Kümmel würzen und servieren.

Semmelkren

Zutaten (4 Personen)

5 altbackene Semmeln
2 EL Kren, frisch gerissen
1/4 l Rindsuppe
1/4 l Milch
Muskatnuss
1 TL Butter
Salz
Pfeffer

- Die altbackenen Semmeln würfelig schneiden und im Rohr bei ca. 180° goldgelb backen. Die Semmelwürfel in einem Topf mit Suppe und Milch zu einem Brei verrühren und mit Salz, Pfeffer und Muskat würzen. Zum Schluss ein Stück Butter und den frisch gerissenen Kren untermengen.

Flachau
Salzburg

»MEI LIABSTE WEIS«
aus dem »Flachauer Gutshof«
in Flachau, Salzburg

Rindsrouladen mit Erdäpfeln

Maria Kramer ist Bäurin am Gaferhell-Hof im weltberühmten Salzburger Wintersportort Flachau. Fast alle Zutaten für ihre »Liabste Speis« gedeihen in allernächster Umgebung: Das Gemüse für die Suppe im Bauerngarten vor dem Haus, die kräftigen Pinzgauer Rinder, die das Fleisch liefern, leben zur Sommerszeit auf den üppigen Almen hoch über Flachau. Maria Kramer hat dort viele Jahre als Sennerin verbracht. Die »Hoamfahr-Krapfen« gibt es immer, wenn es im Herbst zum Heimfahren von der Alm geht.

Zutaten (4 Personen)

4 Rindsschnitzel (à 15 dag)

Fülle:
1 große Zwiebel
4 Essiggurkerln
1 roter Paprika
20 dag Bauchspeck
Senf
Salz und Pfeffer
Butterschmalz oder Pflanzenöl
Mehl

Petersil-Erdäpfel:
4 Erdäpfel
1/2 Bund Petersilie
Butter
Salz

- Für die Fülle Zwiebel, Essiggurkerln, Paprika und Bauchspeck hacken, vermischen und mit Salz und Pfeffer würzen.
- Die Rindsschnitzel dünn klopfen, salzen, pfeffern, mit Senf bestreichen. An einem Ende die Fülle draufgeben, einrollen und mit Zahnstochern verschließen. In Butterschmalz rundherum dunkelbraun anbraten. Das Fleisch herausnehmen und den Bratenrückstand mit kaltem Wasser aufgießen. Die Rouladen wieder einlegen und ca. eine 3/4 Stunde kochen. Die Sauce mit 2 TL Mehl binden, 10 Minuten leicht weiterkochen und abschmecken.
- Erdäpfel waschen und kochen, schälen und vierteln. Die Petersilie in Butter anrösten,die Erdäpfel dazugeben und nach Wunsch salzen.

Getränkeempfehlung zu den Rindsrouladen: Bier

Vorspeise

Gemüsesuppe

Zutaten (4 Personen)

2 Erdäpfel, 2 Karotten
1 Kohlrabi
1/2 Knollensellerie
1 kleine Zwiebel
1/2 l Wasser
10 dag Erbsen
bzw. Gemüse nach Belieben
1/4 Karfiol
1 Prise Salz
Butterschmalz oder Pflanzenöl

- Das Gemüse waschen, putzen und würfelig schneiden. Die Erdäpfel-, Karotten-, Kohlrabi-, Sellerie- und Zwiebelwürfel kurz in Butterschmalz anrösten, mit kaltem Wasser aufgießen, salzen und bissfest kochen.
- Inzwischen den Karfiol extra kochen und mit den Erbsen in die Suppe geben. Alles kurz aufkochen und abschmecken.

Hoamfohrkropfen

Zutaten (4 Personen)

Germteig:
25 dag Mehl
1 Packerl Germ
5 dag Zucker
6 dag Butter
2 Dotter
1/8 l Milch
1 Messerspitze Salz
1 TL Vanillezucker
1/2 kg Butterschmalz

Fülle:
10 dag Rosinen
1 1/2 EL Zucker
4 cl. Rum oder Schnaps
1 Messerspitze Zimt

Eiermantel:
2 Eier
2 EL Mehl
2 EL Milch
Staubzucker
zum Bestreuen

- Für den Teig: Aus Mehl, Germ und Zucker ein Dampfl zubereiten. Für die Eiermilch die Butter zergehen lassen, mit Milch aufgießen und die Dotter darin versprudeln. Salz und Vanillezucker vermischen, das Dampfl und die Eiermilch dazugeben, abschlagen und zweimal gehen lassen.
- Für die Fülle: Alle Zutaten mischen, kurz aufkochen und auskühlen lassen.
- Aus dem Germteig ca. 4 dag schwere Stücke herausnehmen, schleifen (mit eingemehlten Händen zu kleinen Kugeln formen), flachdrücken, wie Ravioli füllen, schließen und kurz gehen lassen. Das Butterschmalz erhitzen und die Krapfen goldbraun herausbacken.
- Der Eiermantel ist ein Überzug, der nicht unbedingt sein muss, aber interessant aussieht. Dafür alle Zutaten zusammenrühren und die Krapfen nacheinender eintunken. Im heißen Fett Fäden ziehen, die Krapfen hineinlegen, wenden und wieder herausnehmen. Das Fett abtropfen lassen und die Krapfen mit Staubzucker bestreuen.

Die »Hoamfahr-Krapfen« gibt es immer, wenn es im Herbst zum Heimfahren von der Alm geht.

Bad Vigaun
Salzburg

»MEI LIABSTE WEIS«
aus dem »Landgasthof Neuwirt«,
Bad Vigaun, Salzburg

Schöpsernes mit Erdäpfeln aus der Bratlrein

In Bad Vigaun im Salzburger Tennengau gibt es viele Schafbauern. Zu den schmackhaften Spezialitäten der Region zählt das Rengerberger Lamm. Im Landgasthof Neuwirt, der gar nicht so neu ist, wie er klingt – das Haus steht schon seit dem 13. Jahrhundert –, zählt das Schöpserne zu den Spezialitäten des Hauses. Das hat natürlich auch maßgeblich mit der vorzüglichen Zubereitung durch die Wirtin des Hauses, Maria Egger, zu tun.

Zutaten (4 Personen)
1 Lammschlögerl, ausgelöst
30 dag Wurzelgemüse
(Karotten, Sellerie, Peterwurz)
1 kg Erdäpfel
Salz
Pfeffer
Thymian
Knoblauch
2 Zwiebeln

- Das Lammschlögerl mit Salz, Pfeffer, Thymian und Knoblauch würzen. Eventuell mit Spagat binden. Rundherum anbraten und in eine große Bratenrein geben, die man ins vorgeheizte Rohr schiebt.
- Kleine, runde Erdäpfel werden gut gebürstet und sauber gewaschen. Wurzelgemüse (Karotten, Peterwurz, Sellerie) schälen und in größere Würfel schneiden. Zwiebeln in Würfel schneiden. Erdäpfel, Wurzelgemüse und Zwiebeln nach einer halben Stunde zum Braten dazugeben. Immer wieder mit Lammsuppe oder Wasser aufgießen und übergießen.
- Dazu serviert man Rettich- oder Krautsalat.

Vorspeise

Kaspressknödelsuppe

Zutaten (4 Personen)

20 dag Knödelbrot
1/8 – 1/4 l Milch
1 Zwiebel
20 dag Vlg. Bauernkäse oder Bierkäse
2 gekochte Erdäpfel
2 Eier
1 Dotter
Salz
Petersilie
Muskatnuss
Butterschmalz

- Zwiebel hacken und in etwas Butterschmalz goldbraun rösten. Knödelbrot mit Milch anfeuchten, Prise Salz, Muskatnuss, gehackte Petersilie, Eier und Dotter zu einem Knödelteig vermengen, den klein geschnittenen Käse und die geriebenen gekochten Erdäpfeln untermengen. Daraus Laibchen formen und in heißem Butterschmalz herausbacken. In heißer Rindsuppe servieren.

Die Kaspressknödel kann man »zu Wasser« oder »zu Land« essen, d. h. entweder in der Rindsuppe oder einfach mit Butterschmalz.

Nusspofesen auf Hollerkoch

Zutaten (4 Personen)

Pofesen:
40 dag Nüsse, gerieben
10 dag Pistazien, gehackt
30 dag Marzipan
1/8 l Rahm
Rum
5 dag Biskuitbrösel
2 Eier
2 EL Zucker
Weißbrot

Hollerkoch:
1 kg Holler, gerebelt
20 dag Kristallzucker
Zimtrinde
Rotwein
Gewürznelken
20 dag Zwetschken
Puddingpulver

- Für die Nusspofesen Marzipan mit Rahm glattrühren, Nüsse, Pistazien, Brösel, Eier und Zucker beifügen. Die Masse auf dünne Weißbrotscheiben streichen, eine zweite Scheibe darüber legen. Die Pofesen in verquirltem Ei wälzen und in heißem Butterschmalz herausbacken. Mit Staubzucker oder Zimtzucker bestreuen, Hollerkoch auf Teller geben und die Pofesen darauf gefällig anrichten.
- Hollerkoch: Zwetschken halbieren und entkernen. Holler, Zucker, Zwetschken und Gewürze mit etwas Rotwein zustellen und langsam erwärmen, schwach wallend weich dünsten. Gewürze entfernen. Falls das Hollerkoch zu dünn ist, mit abgerührtem Puddingpulver binden. Für Erwachsene gebe ich zum Hollerkoch als Abrundung noch einen Schuss Hollerlikör dazu.

Obertrum am See
Salzburg

»MEI LIABSTE WEIS«
aus dem »Braugasthof Sigl«
in Obertrum am See, Salzburg

Flachgauer Mostbratl

Andrea Lechner bewirtschaftet mit ihrer Familie den »Oberwieser Hof«, musiziert gerne mit ihren Kindern und kocht am liebsten bodenständige Gerichte, wie sie schon ihre Großmutter zubereitet hat. Die traditionellen Streuobstwiesen liefern die Äpfel, die im Keller des Bauernhofes zu Most vergoren werden. Der Apfelmost verleiht dem Flachgauer Mostbratl seinen unverwechselbaren Geschmack. Aber auch alle anderen Zutaten stammen vom »Oberwieser Hof«.

Zutaten (4 Personen)

Bratl:

90 dag ausgelöste Schweinsschulter, -schopf oder bauch
Salz
Kümmel
Knoblauch
1 kleine Zwiebel
1/2 l Most
3/8 l Suppe

Erdäpfelknödel:

15–20 dag Knödelbrot
1 Kl Salz
2 Eier
etwas warme Milch
1 großer Erdapfel (ca. 20 dag)
5 dag Mehl

- Schwarte (falls vorhanden) rautenartig einschneiden, Fleisch mit Salz, Knoblauch und Kümmel gut einreiben (evt. schon eine 1/2 Stunde vor dem Braten). Zwiebel klein schneiden und darüber streuen. Im vorgeheizten Rohr bei 160° ca. 1 Stunde braten, dann auf 180° nachschalten und 1/2 Stunde knusprig braten, dabei öfters mit Most aufgießen. Braten aus der Pfanne heben, die Soße mit Suppe strecken (evt. mit einem walnussgroßen Stück Butter legieren), evt. nachwürzen und eindicken.

- Den rohen Erdapfel schälen und fein reiben oder reißen, zum gesalzenen Knödelbrot geben und durchmischen. Zerschlagene Eier und Milch dazugießen, vermengen und ca. 10 Minuten ziehen lassen. So viel Mehl dazugeben, bis ein eher fester Knödelteig entsteht. 4 Knödel formen und in die Mitte je ein ca. 3 mal 3 cm großes Stück Fleisch vom fertigen »Mostbratl« einarbeiten und die Knödel etwa 20 Minuten kochen.

- Tipp: Ist der Knödelteig zu weich geraten, kann man sich mit ein paar Löffeln Brösel- oder Knödelbrotbeigabe abhelfen.

Speckbohnen

Zutaten (4 Personen)

30 dag Fisolen, gewaschen und geputzt
1 kleine Zwiebel
7 dag Frühlingsspeck
Salz, Pfeffer, Butter

- Fisolen in wenig Salzwasser bissfest kochen und abseihen. Zwiebel und Speck fein hacken, beides in etwas Butter anschwitzen, Bohnen dazugeben, durchschwenken, würzen und einige Zeit bei niedriger Temperatur ziehen lassen.

Radisalat

Zutaten (4 Personen)

1/2 kg schwarzen Radi
ca. 1 KL Salz, Pfeffer
1 Priese Zucker
1 EL Brösel
4 EL Rahm
Öl, Essig
etwas Wasser

- Radi schälen und fein reiben, würzen, Brösel und Rahm darunter mischen, gut drücken, mit Essig, Öl und Wasser marinieren und abschmecken. Evt. in einem geschlossenen Gefäß durchziehen lassen.

Bad Reichenhall
Bayern

»MEI LIABSTE WEIS«
aus dem Berggasthof »Schroffen«
in Bad Reichenhall, Bayern

Salinerbratl mit Reichenhaller Nocken und einglegt's Kraut

Salz kann in der Kur- und Salinenstadt Bad Reichenhall getrunken, inhaliert, als Solebad verwendet und natürlich gegessen werden. Deshalb verwendet der Hofwirt von Bad Reichenhall, Johannes Hofmann, für sein »Salinerbratl« Salz als althergebrachtes Konservierungsmittel für gesurtes Schweinefleisch.

Zutaten (4 Personen)

1 kg gesurter Schweinsschopf
1/2 kg Schweinsknochen
2 mittelgroße Karotten
2 Zwiebeln
1/2 Knolle Sellerie
1 Stange Lauch
1 Flasche dunkles Bier
Kümmel
schwarze Pfefferkörner
etwas Kartoffelstärke

Für das eingelegte Kraut:

1 kg Spitzkraut oder Weißkraut
1 mittelgroße Zwiebel
2 dag Butterschmalz
1/8 l trockener Weißwein
Salz
Kümmel

- Den Schopf mit Kümmel und Pfefferkörnern würzen. Karotten, Lauch, Sellerie und Zwiebeln in Würfel schneiden. Das Fleisch mit den Knochen in ein Bratreindl geben, etwas Wasser zugeben und zugedeckt im Ofenrohr eine 3/4 Stunde bei mittlerer Hitze garen lassen. Den Deckel abnehmen, mit etwas Dunkelbier ablöschen, wenden und das Gemüse dazugeben. Ohne Deckel 1 Stunde schmoren lassen. Zwischendurch öfters wenden und mit Dunkelbier ablöschen.

- Braten aus dem Reindl nehmen und auf einem Blech in den warmen Ofen schieben. Nun das Reindl auf den Herd stellen und die Soße mit etwas Kartoffelstärke einkochen. Gegebenenfalls etwas Wasser in den Sud geben, aufkochen, abschmecken und dann abseihen. Soße mit dem restlichen Dunkelbier verfeinern.

- Eingelegtes Kraut: Weiß- oder Spitzkraut in grobe Würfel schneiden, in eine Schüssel geben. Feine Zwiebelstreifen, Weißwein, Salz und etwas Kümmel dazugeben. Vermischen, zudecken und über Nacht ziehen lassen.

- Butterschmalz in einem Topf erhitzen, Kraut ohne die Flüssigkeit dazugeben, dünsten. Nach einigen Minuten den Saft dazufüllen, aufkochen lassen. Mit Rindsuppe abschmecken.

Beilage

Reichenhaller Nocken

Zutaten (4 Personen)

40 dag gekochte,
geschälte Erdäpfel
2 Eigelb
1/10 l Milch
20 dag Roggenmehl
4 dag Butter
gehackte Petersilie
etwas geriebene Muskatnuss
Salz
15 dag geriebener Almkäse
frisch gemahlener weißer Pfeffer
5 dag Butterschmalz
zum Abbräunen

- Die heißen Erdäpfel stampfen, Eigelb, Milch und die flüssige handwarme Butter dazugeben, vermischen. Langsam das gesiebte Roggenmehl unterheben und mit Salz, etwas Muskat und weißem Pfeffer würzen.
- Den Teig zudecken, 1/2 Stunde ruhen lassen. In einem flachen Topf Wasser und Salz zum Kochen bringen. Mit einem Suppenlöffel die Nocken aus der Masse abstechen und vorsichtig in das köchelnde Wasser geben. 10 Minuten ziehen lassen, kalt abschrecken und auf ein sauberes Küchentuch heben.
- Die Nocken in einer Pfanne mit Butterschmalz goldgelb anschwitzen und vor dem Servieren mit dem geriebenen Käse und Petersilie bestreuen und durchschwenken.

Vorspeise

Einfache Thumseer Forellensuppe

Zutaten (4 Personen)

1 Forelle, ca. 30 dag, filetieren lassen (Fischreste mitnehmen!)
1/4 l Weißwein
1 l Wasser
3 dag Butter
3 dag Mehl
Salz
Suppengrün
1 Zwiebel
1 Lorbeerblatt
2 Pfefferkörner
1 Eigelb
etwas Bratfett
1/8 l Schlagrahm
etwas gehackte Dille

- Fischreste mit Weißwein, Wasser, Butter und Salz ca. 25 Minuten kochen, abseihen. Verwendbares Fleisch ablösen und warm stellen. Forellenfilets zerbröseln und mit dem restlichen Fischfleisch, dem fein geschnittenen Suppengrün und der fein geschnittenen Zwiebel in etwas Fett in einem Topf anschwitzen. Mit Mehl bestäuben und mit einem Kochlöffel verrühren. Das Ganze abkühlen, um Klumpenbildung zu vermeiden. Mit dem Fischsud aufgießen. Gewürze dazugeben und ca. 5 Minuten köcheln lassen.
- Schlagrahm und Eigelb verquirlen und mit dem Schneebesen in die nicht mehr kochende Suppe legieren. Lorbeerblatt und die 2 Pfefferkörner aus der Suppe nehmen. Die Suppe in einen tiefen, heißen Teller geben und mit Dille bestreuen.

Nachspeise

Obstlermichl

Zutaten (4 Personen)

6 Semmeln vom Vortag (oder ca. 25 dag Knödelbrot)
3/4 l Milch
12 dag Butter
12 dag Zucker
5 Eigelb, 5 Eiweiß
4 cl Obstler
1 Prise Salz
1 Messerspitze Zimt
10 dag gemahlene Mandeln oder Nüsse
30 dag Äpfel, 30 dag Birnen
etwas Fett und Semmelbrösel für die Backform

- Die Semmeln in feine Scheiben schneiden und in lauwarmer Milch einweichen. Butter, Zucker, Eigelb und Gewürze schaumig rühren. Die geriebenen Mandeln (oder Nüsse) und die eingeweichten Semmeln, die fein geschnittenen Äpfel und Birnen mit dem Obstler unter die Masse mischen.
- Den steif geschlagenen Eischnee mit einem Holzlöffel vorsichtig unterheben. In die vorgefertigte, gebutterte und mit Brösel gestaubte Form geben. Bei 160° im Ofen backen. Nach 50 Minuten die Nadelprobe machen. Mit flüssigem Schlagrahm kalt oder warm servieren.

Villach
Kärnten

»MEI LIABSTE WEIS«
aus der »Burg Landskron«
in Villach, Kärnten

Gegendtaler Kirchtagsuppe mit Reindling

Die Gegendtaler Kirchtagsuppe mit Reindling, auch Gelbe Suppe genannt, ist Vorspeise, Hauptspeise und Nachspeise in einem. Sie gilt in Kärnten als Festtagsessen an vielen hohen Feiertagen, bei Taufen, Kirchtagen und Begräbnissen. Für diese Anlässe werden oft größere Mengen zubereitet, zumal sie wieder aufgewärmt besonders gut schmeckt. Traudi Ebner vom »Baumgartnerhof« in Arriach kocht ihre Kirchtagsuppe nach Gefühl. Für »Mei liabste Speis« hat sie das Rezept »rekonstruiert«.

Zutaten (4 Personen)

Suppe:
1 kg Rindfleisch (Brustkern oder Tafelspitz)
1/2 l Süßrahm
1/2 l Sauerrahm
Kräutersackerl aus Anis, Fenchel, Muskatblüten
1 ganze Zwiebel
4 Knoblauchzehen
1/4 Knollensellerie
4 Karotten
7 Blätter Liebstöckl (Maggikraut)
2 gestrichene TL Salz
1 Packerl (12 g) Safran
Zimt

- Für die Suppe das Rindfleisch und das würfelig geschnittene Wurzelwerk (Zwiebel, Knoblauch, Knollensellerie, Karotten, Liebstöckl, Salz) mit dem Kräutersackerl in einen Topf mit kaltem Wasser geben. Das Ganze aufkochen lassen und nicht zugedeckt ca. 1 Stunde bei kleiner Flamme wallen lassen. Das Fleisch aus dem Topf herausnehmen und die Suppe abseihen.
- Süß- und Sauerrahm verquirlen und vorsichtig in die nicht mehr kochende Suppe einrühren. Den Safran zugeben und ganz leicht aufwallen lassen. Vor dem Servieren mit etwas Zimt bestreuen.
- Das Rindfleisch kann entweder würfelig in der Suppe oder in Scheiben geschnitten mit Kren- oder Oberskren gegessen werden.
- Zur Kirchtagssuppe muss in Kärnten unbedingt ein Reindling (Wazanes = Weizernes) dazugegessen werden!

Reindling

Zutaten (4 Personen)

Germteig:
1/2 kg Weizenmehl griffig
2 dag Germ
2 dag Zucker
2,5 dag Butter
1 Ei
1 Dotter
1 TL Salz, 1/4 l Milch

Fülle:
2 dag Butter
10 dag Zucker
2 EL Zimt
5 dag Rosinen

- Für den Germteig das küchenwarme Mehl mit Salz, der zerlassenen Butter, dem Ei und dem Dotter verrühren. In der lauwarmen Milch Germ und Zucker auflösen und mit dem Mehl vermengen. Den Teig in einer Schüssel mit einem Kochlöffel ausschlagen, bis er sich von Schüssel und Kochlöffel löst. An einem warmen Plätzchen eine 3/4 Stunde zugedeckt rasten lassen.

- Den fertigen Teig auf einem bemehlten Holzbrett ca. 1 cm dick ausrollen und mit der zerlassenen Butter bestreichen. Zuerst mit Zucker, dann mit Zimt und zuletzt mit den Rosinen bestreuen und fest einrollen. Diese Teigrolle nochmals zu einer Schnecke zusammenrollen, in ein gut befettetes Reindl geben und bei 180° 45 Minuten lang backen. In der Form abkühlen lassen und auf einen Teller stürzen.

Semmelkren

Zutaten (4 Personen)

8 Tassen Knödelbrot
5 Tassen Kirchtagsuppe
10 dag frisch gerissenen Kren
Schnittlauch

- Das Knödelbrot in der Suppe einweichen. Kurz vor dem Servieren mit dem Kren vermischen und mit Schnittlauch bestreuen.

Zur Kirchtagsuppe wird Bier oder Most getrunken.

St. Paul im Lavanttal
Kärnten

»MEI LIABSTE WEIS«
aus dem »Zogglhof«
in St. Paul im Lavanttal, Kärnten

Kletzenstrudel

Im »Paradies Kärntens«, wie die Einheimischen stolz das Lavanttal nennen, spielt der Most eine große Rolle. Im Lavanttaler Obstbaumuseum in St. Paul kann der Besucher die Mostgewinnung vom Baum in die Flasche nachvollziehen. Vom Most leitet sich auch das Rezept der Mostschaumsuppe ab, empfohlen von Frau Waltraud Rassi, »Murbitzer Bäuerin« in St. Andrä im Lavanttal. Den Kletzenstrudel kann man als Hauptspeise oder auch als Nachspeise genießen.

Zutaten (4 Personen)

Nudelteig:
50 dag Mehl
2 Eier
Prise Salz
1/8 l Wasser mit etwas Öl

Fülle:
50 dag Kletzen (gedörrte Birnen)
50 dag Topfen
Prise Salz
etwas Zimt
1 EL Honig
Eiklar zum Bestreichen
Honigbutter zum Begießen

- Für den Teig die Zutaten miteinander vermischen und dann gut verkneten. Den Teig zudecken und rasten lassen.
- Für die Fülle die Kletzen kochen, abseihen und durch den Fleischwolf drehen, dann mit den übrigen Zutaten vermischen.
- Den Teig dünn auswalken und die Fülle bleistiftdick darauf auftragen, die Ränder mit Eiklar bestreichen. Das Ganze in vier gleich große Rechtecke schneiden, diese einrollen und in leicht siedendem Salzwasser 20 Minuten kochen. Die Strudel herausnehmen, in 2 cm dicke Streifen schneiden und vor dem Servieren mit heißer Honigbutter begießen.

Vorspeise

Mostschaumsuppe

Zutaten (4 Personen)

1/2 l Wasser
etwas Zironenschale
1 Zimtrinde
5 Gewürznelken
3/4 l Most
4 EL Honig
2 Dotter
1 TL Mehl
Speck und Schwarzbrot
(beides würfelig geschnitten)

- Das Wasser mit den Gewürzen aufkochen, 1/2 l Most und Honig dazugeben und etwas weiterkochen lassen.
- Die Dotter mit dem Mehl und dem restlichen Most schaumig schlagen, mit Hilfe eines Schneebesens in die Suppe einrühren, aber nicht mehr aufkochen lassen.
- Die Speck- und Brotwürfel miteinander anschwitzen und die Suppe vor dem Servieren damit bestreuen.

Lavanttaler Lustbarkeiten, zubereitet von der »Murbitzer-Bäuerin« Waltraud Rassi

Apfelknöderln mit Mostsauce

Zutaten (4 Personen)

50 dag Apfel
(kleinwürfelig geschnitten)
10 dag Butter
10 dag Brösel
je 6 dag geriebene Nüsse und Rosinen
2 Messerspitzen Zimt
etwas Nelkenpulver, Mehl, Ei und
Brösel zum Panieren
Fett zum Herausbacken

Sauce:
6 dl Apfelmost
15 dag Zucker
etwas Zimtrinde und Gewürznelken
2 Eier
2 dag Maisstärke

- Die Apfelwürfel in der Hälfte der Butter anschwitzen, Brösel und Nüsse in der restlichen Butter rösten, alles auskühlen lassen. Die Rosinen und Gewürze beifügen, alles gut vermengen und aus der Masse Knöderln formen. Diese mit Mehl, Ei und Bröseln panieren und in Fett herausbacken.
- Für die Sauce 4 1/2 dl vom Apfelmost mit Zucker, Zimtrinde und Nelken aufkochen. Den restlichen Most mit den Eiern und der Maisstärke versprudeln und in den kochenden Most rühren. Die heiße Sauce mit den Knöderln servieren.

Obertilliach
Osttirol

»MEI LIABSTE WEIS«
aus dem Gasthof »Unterwöger«
in Obertilliach, Osttirol

Hirschbraten

Christiane Lugger ist Bäuerin in Obertilliach, der höchstgelegenen Gemeinde des Tiroler Gailtals. Die überlieferte Hausmannskost in dieser südwestlichsten Ecke Österreichs verwendet fast ausschließlich die Früchte harter Arbeit aus Acker und Stall: Milch, Butter, Käse, Erdäpfel, Gemüse, Obst und Getreide. Das sind auch die Zutaten für die Zubereitung der Osttiroler Schlipfkrapfen. Sie werden auch heute noch in Osttirol als Hauptspeise (mit Milch und grünem Salat) gegessen. Christine Lugger empfiehlt sie jedoch als Vorspeise zu ihrem herbstlichen Hirschbraten.

Zutaten (4 Personen)
800 g Hirschschlegel oder -schulter
1/4 l Rotwein
Wildgewürz (Wacholderbeeren, Lorbeerblatt, Neugewürz, Rosmarin)
Salz
Pfeffer
10 dag Bauchspeck, fein gewürfelt
Orangenscheiben, unbehandelt
Preiselbeermarmelade
10 dag Eierschwammerln (Pfifferlinge) oder Champignons
Mehl zum Binden
etwas Fett zum Anbraten
4 Äpfel

- Am Vortag das Fleisch pfeffern und salzen. Das Fleisch einer Marinade aus Rotwein, dem Wildgewürz, dem Speck und den Orangenscheiben über Nacht im Kühlen stehen lassen. Das Fleisch mehrmals mit der Marinade übergießen.
- Das Fleisch in etwas Fett scharf anbraten. Mit der Marinade aufgießen und bei 180° im Backrohr ca. 2 Stunden braten.
- Den fertigen Braten herausnehmen, warm stellen. Die Soße mit etwas Mehl binden und mit Preiselbeermarmelade verfeinern. Die geputzten, gewaschenen und geschnittenen Pilze dazugeben und die Soße nochmals aufkochen lassen.
- 4 ausgehöhlte Bratäpfel, die 15 Minuten im Rohr gegart worden sind, mit Preiselbeermarmelade füllen, mit dem Braten anrichten.

Frau Lugger empfiehlt als Zuspeise »Nöcklan« (Spätzle) und Blaukraut.

Vorspeise

Osttiroler Schlipfkrapfen

Zutaten (ca. 25 Krapfen)

Teig:
1/4 kg glattes Weizenmehl
1 Ei
Salz
1/2 EL Öl
1/8 l lauwarmes Wasser

Fülle:
1/2 kg gekochte, mehlige Erdäpfel
1 fein gehackte Zwiebel
1/2 Knoblauchzehe
Pfeffer
Salz
Butter
Gerieb. »Bolla«-Käse zum Bestreuen (ist kein »Bolla« erhältlich, eignen sich auch Gauda oder Bergkäse)
braune Butter
Schnittlauch

- Teig: Das Mehl auf ein Nudelbrett oder in eine Schüssel geben und eine Grube machen. Eine Prise Salz, Ei, Öl und so viel lauwarmes Wasser hineinrühren, dass der Teig gut knetbar, aber nicht zu fest wird. Gut durchkneten, bis er sehr glatt ist und zugedeckt rasten lassen.
- Für die Fülle die gekochten Erdäpfel schälen, passieren und mit der in etwas Butter gerösteten Zwiebel und dem fein gehackten Knoblauch vermischen. Mit Salz und Pfeffer abschmecken.
- Teig dünn auswalken, mit einem Glas oder Keksausstecher runde, handgroße Fleckerln ausstechen. Auf jedes einen Esslöffel Fülle geben und zur Hälfte umschlagen. Den halbrunden Rand mit Daumen und Zeigefinger gut zusammendrücken. Die Krapfen in Salzwasser 5 bis 10 Minuten vorsichtig kochen. Sie sind fertig, wenn sie an die Oberfläche steigen. Anrichten, mit Käse bestreuen, mit heißer, brauner Butter übergießen und reichlich Schnittlauch drübergeben.

Grießnudeln

Zutaten (20 Stück)

1/4 l Milch
10 dag Weizengrieß
Salz
1/2 Ei
1 Packerl Vanillezucker
2 TL Zucker
etwas geriebene Zitronenschale

Semmelbrösel
Schweinefett oder Öl
Zimt, Grießzucker
Glühwein oder Himbeersaft

- Die Milch mit Grieß, Salz, Zucker und Vanillezucker unter ständigem Rühren aufkochen. In die abgekühlte Masse das Ei und die Zitronenschale unterrühren.

- Auf einem mit Semmelbröseln bestreuten Nudelbrett eine daumendicke Rolle formen und mit einer Teigkarte 5 cm lange Röllchen abtrennen. Diese in heißem Fett schwimmend herausbacken, kurz abtropfen lassen und sofort in einem Gemisch aus Zimt und Grießzucker wälzen. Glühwein oder Himbeersaft drübergießen und servieren.

Pertisau am Achensee
Tirol

»MEI LIABSTE WEIS«
aus dem »Fischergut«
in Pertisau am Achensee, Tirol

Gebratener Hirschrücken

Der Achensee bildet die östliche Grenze des Karwendelgebirges, das wegen seiner landschaftlichen Schönheit und seines Wildreichtums bekannt ist. Zur 100. Sendung empfiehlt Angelika Rupprechter daher als Festessen einen gebratenen Hirschrücken mit Schwammerlsoße, Achentaler Grießknödeln und Rotwein-Preiselbeerbirne.

Zutaten (4 Personen)

1/2 kg ausgelöster Hirschrücken
Salz
Pfeffer
2 EL Öl

Schwammerlsoße:
500 g verschiedene Pilze (Steinpilze, Pfifferlinge, Champignons)
15 dag Zwiebel
1 TL Paprika edelsüß
1/16 l Sauerrahm
1/16 l Weißwein
1 KL Kartoffelstärke
Petersilie
Thymian
Salz
Pfeffer
2 EL Öl

- Den Hirschrücken kräftig mit Salz und Pfeffer einreiben. In einer Pfanne Öl erhitzen und das Fleisch im Ganzen rundherum scharf anbraten. Hitze verringern und ca. 10 Minuten fertig braten, damit das Fleisch innen zart rosa bleibt. Nach dem Braten den fertigen Hirschrücken warm stellen und 15 Minuten rasten lassen. In dieser Zeit kann die Schwammerlsoße zubereitet werden.
- Für die Schwammerlsoße die Pilze putzen und mehrmals in kaltem Wasser waschen. Die Zwiebel in kleine Würfel schneiden und im heißen Öl glasig anbraten. Die in Scheiben geschnitten Pilze dazugeben und würzen. Zugedeckt 20 Minuten dünsten lassen.
- Den Weißwein und die Kartoffelstärke verrühren, mit dem Sauerrahm in die Schwammerlsoße geben und kurz aufkochen lassen. Vor dem Servieren mit Petersilie bestreuen.

Zum Hirschbraten empfiehlt Angelika Rupprechter trockenen Rotwein.

Beilage

Rotwein-Preiselbeerbirne

Zutaten (4 Personen)

2 Birnen
1/4 l Rotwein
4 EL Preiselbeeren
1/2 Zimtstange, 3 Gewürznelken

- Die Birnen schälen, halbieren, die Kerngehäuse ausstechen und im gewürzten Rotwein weich kochen. Mit den Preiselbeeren füllen und servieren.

Achentaler Grießknödel

Zutaten (4 Personen)

1/2 l Milch
2 dag Butter
13 dag Grieß
3 Eidotter
5 dag Bauchspeck
Salz
Muskatnuss, gerieben

- Milch, Butter, Salz und Muskat in einem Kochtopf aufkochen. Unter ständigem Rühren den Grieß einkochen. Bei verringerter Hitze ca. 10 Minuten lang rühren, bis sich der Grießbrei vom Topf löst. Vom Herd nehmen und die Eidotter in die Grießmasse rühren.
- Den kleinwürfelig geschnittenen Bauchspeck in einer Pfanne erhitzen, das Fett abgießen und den Speck unter die Grießmasse mengen.
- Nach dem Erkalten 8–9 dag schwere Knödel formen, die man in kochendem Salzwasser ca. 12 Minuten lang ziehen lässt.

St. Johann
Tirol

»MEI LIABSTE WEIS«
aus dem Berggasthaus »Grander-Schupf«
in St. Johann in Tirol

Kloutz'nbrot (Kletz'nbrot)

Seit Jahrhunderten ist das »Kloutz´nbrot« auch unter den Namen »Kletz'nbrot« oder »Zelten« bekannt. Es wird in der St. Johanner Gegend jedes Jahr kurz vor Weihnachten gebacken und ist bei jung und alt sehr beliebt. Besonders für die jungen Männer war und ist es immer noch von großer Bedeutung. Erhält ein Heiratswerber den Anschnitt eines solchen Weckens von seiner Angebeteten, so ist dies ein untrügliches Zeichen ihrer Zuneigung. Annelies Reiter, die Tochter der »Grander-Schupf«-Wirtsleute bereitet ihre vorweihnachtliche »Liabste Speis« nach dem Originalrezept ihrer Urgroßmutter zu.

Zutaten (für einen großen oder zwei kleine Wecken)

Brotteig für die Fülle:
1/2 kg Weizenmehl
1/2 kg Roggenmehl
2 dag Germ (Hefe)
2 TL Brotgewürz (Koriander, Kümmel und Fenchel)
1 EL Salz
1 EL Zucker
1/2 l lauwarmes Wasser

Teig für die Hülle:
3 dag Weizenmehl
1 dag Germ
1 Prise Salz
1 Prise Zucker
lauwarmes Wasser

Früchte für die Fülle:
1 kg Rosinen
30 dag Kloutz'n (gedörrte Birnen)
30 dag Feigen
20 dag Aranzini
20 dag Haselnüsse
2 TL Zimt
2 TL Lebkuchengewürz
6 cl Rum
Zitronenschale, gerieben
Saft von einer Zitrone

- Am Vortag die Rosinen waschen, die Kloutz'n in heißem Wasser kurz aufkochen und dann im Wasser noch eine halbe Stunde ziehen lassen. Feigen, Kloutz´n und Aranzini klein schneiden und mit allen anderen Zutaten für die Früchte mischen. Das Ganze über Nacht ziehen lassen.
- Für den Brotteig das Weizen- und Roggenmehl in einer Schüssel vermischen, Salz und Brotgewürz dazugeben. In der Mitte der Schüssel eine Vertiefung ins Mehl machen. Den Germ in diese Vertiefung bröseln, den Zucker dazugeben und mit etwas Wasser verrühren. Zudecken und das „Dampfl“ ungefähr eine halbe Stunde gehen lassen. Anschließend mit dem restlichen Wasser zu einem Teig verkneten und noch eine Stunde zugedeckt „gehen“ lassen.
- Den gut gegangenen Brotteig und die vorbereiteten Früchte zu einem guten Teig verkneten und wiederum eine Stunde gehen lassen.

- Aus dem Teig einen großen oder zwei kleine Laibe formen und auf einem bemehlten Tuch eine halbe Stunde gehen lassen.
- Der Teig für die Hülle wird gleich wie der Brotteig, nur ohne Roggenmehl hergestellt. Die Masse mit einem Teigroller ausrollen und in der Mitte mit Wasser bestreichen. Den geformten Laib mit der bauchigen Seite nach unten auf den mit Wasser bestrichenen Teig legen und den Laib damit einschlagen.Das Brot mit dem Bauch nach oben auf ein eingefettetes Backblech geben, mit einem Tuch zudecken und eine Viertelstunde gehen lassen.
- Mit einem Messer tiefe (bis zum Blech durchgehende) Löcher ins Brot stechen und mit Wasser bestreichen. Jetzt kann das Brot in das mit 180° vorgeheizte Backrohr geschoben und ungefähr 90 Minuten gebacken werden.

Zum Kloutz'nbrot empfiehlt Annelies Reiter Milch oder Glühwein.

Fulpmes im Stubai
Tirol

»MEI LIABSTE WEIS«
aus dem Gasthof »Zum Dorfkrug«
in Fulpmes im Stubai, Tirol

Gefüllte Kalbsbrust »Stubaier Art«

Christl Roost ist mit einem Holländer verheiratet. In Fulpmes kennt man sie unter dem Namen »Brugger Christl«. Sie bewirtschaftet mit ihrer Familie den »Bruggerhof«, den sie von ihren Eltern übernommen hat. Die leidenschaftliche Köchin liebt es, Freunde und Familie mit Köstlichkeiten zu verwöhnen, deren Zutaten vom eigenen Hof stammen. Sie empfiehlt als ihre »Liabste Speis« eine gefüllte Kalbsbrust nach Stubaier Art.

Zutaten (4 Personen)

Kalbsbrust (vom Metzger zum Füllen vorbereiten lassen)
Pfeffer, Salz

Fülle:
10 dag Butter
2 EL Öl
25 dag Weißbrot (entrindet, in Milch eingeweicht und gut ausgedrückt)
2 Dotter, 3 ganze Eier
5 dag Bauchspeck, würfelig geschnitten
1/2 mittelgroße Zwiebel
20 dag Pfifferlinge oder Champignons
1 Bund Petersilie
Muskat gerieben, Salz

- Die würfelig geschnittene Zwiebel in etwas Butter anschwitzen, ebenso den Speck in einer Pfanne anbraten.
- Die restliche Butter flaumig rühren und mit Weißbrot, Eiern, Dottern, Zwiebel, Speck und Gewürzen mischen.
- Die geputzten, aber nicht gewaschenen Pilze in Öl anbraten, das entstandene Wasser abgießen und die Pfifferlinge mit der Fülle vermengen.
- Die Kalbsbrust füllen und sorgfältig mit einem dünnen Spagat zunähen. Mit Salz und Pfeffer würzen und bei 160° ca. 3 Stunden im Rohr braten.

Wildschönau
Tirol

»MEI LIABSTE WEIS«
aus dem Bergbauernmuseum »z'Bach«
in der Wildschönau, Tirol

Brezensuppe

Die Brezensuppe war und ist bis zum heutigen Tag, eine der beliebtesten Fastenspeisen in der Wildschönau, einem wildromantischen Hochtal im Tiroler Unterland. Bei Christl Thaler, der Bergbäurin am »Hinterholzalmhof«, gibt es die Brezensuppe auch unterm Jahr: als Vor- oder auch als Hauptspeise.

Zutaten
(4 Personen, Hauptspeise)

8 altbackene weiße Brezen (oder Salzstangerln mit wenig Salz oder Semmeln)
35 dag Graukäse (in Stücke geschnitten)
15 dag Butter
1 großer Zwiebel
1 Knoblauchzehe
Pfeffer
1 Liter kochendes Wasser
1 Bund Petersilie oder Schnittlauch

- Die Brezen in ca. 2 cm lange Stücke schneiden und abwechselnd mit den Graukäsestücken schichtweise in eine Auflaufform geben. Das Ganze pfeffern und mit dem kochenden Wasser übergießen.
- In einer Pfanne die Butter vorsichtig erhitzen und darin die klein geschnittene Zwiebel und den Knoblauch goldgelb rösten.Die gerösteten Zwiebelstücke über die Brezen- und Käseschichten streuen und im vorgeheizten Rohr bei ca. 180° 15 Minuten lang überbacken.
- Mit Petersilie oder der Kräuterwürzmischung bestreuen, und fertig ist die Brezensuppe! Am Hinterholzalmhof isst man grünen Salat und trinkt Buttermilch dazu.

Christl Thaler verwendet statt der Petersilie eine Gewürzkräutermischung nach einem Rezept von Pfarrer Weidinger.

Sie besteht aus 4 Teilen Petersilie, 3 Teilen Schnittlauch 2 Teilen Borretsch und 1 Teil Dill.

Schwendau
Zillertal, Tirol

»MEI LIABSTE WEIS«
aus der »Reme« (Scheune) des Hotel Neuwirt
in Schwendau, Zillertal,Tirol

Zillertaler Ofenleber

Die Zillertaler Ofenleber, – auch »Zillertaler Hochzeitsessen« – zählt zu den traditionellen Speisen, die im Zillertal zu hohen Anlässen, wie etwa dem Weihnachtsfest, seit Jahrhunderten zubereitet werden. Den Namen verdankt die »Ofenleber« dem Umstand, dass sie auf dem offenen Feuer der Rauchkuchln nicht gekocht werden konnte. Man schob sie daher einfach in den vorhandenen Kachelofen. Frieda Sporer, Bäurin am »Klammstein-Hof« in Schwendau/Zillertal kocht ihre »Liabste Speis«.

Zutaten (4 Personen)

30 dag Leber vom Kalb oder Schwein
25 dag mageres Bauchfleisch vom Schwein
25 dag Lunge und Herz (Kalbsbeuschel)
25 dag in Würfel geschnittenes Weißbrot
1 Schweinsnetz (wenn vorhanden)
1 gehackte Zwiebel
3 Knoblauchzehen
1 Ei
1/4 l Rindsuppe
2 EL Butterschmalz
Mayoran
Petersilie
Pfeffer & Salz

- Leber, Bauchfleisch, Lunge und Herz erst kurz vor der Zubereitung durch den Fleischwolf drehen.
- Die Weißbrotwürfel in der Rindsuppe ziehen lassen, während man die gehackte Zwiebel im Butterschmalz goldgelb anlaufen lässt. Die geröstete Zwiebel, den gehackten Knoblach, Mayoran und Petersilie zu den Brotwürfeln geben. Pfeffern, salzen und gut mischen.
- Das faschierte Leber-Beuschel-Gemisch zur Brotmasse dazumengen und gut verrühren.
- Eine Bratform mit Butterschalz einpinseln. Wenn vorhanden, das gewässerte Schweinsnetz einlegen (über den Rand hängen lassen). Lebermasse einfüllen und mit dem Schweinsnetz einschlagen.
- Bei 170° 40 Minuten im Ofen (Rohr) braten. In Scheiben schneiden und servieren.

Vorspeise

Zergl-Suppe (Pressknödel-Suppe)

Zutaten (4 Personen)

4 große Erdäpfel
20 dag Bauerntopfen
20 dag Graukäse – alles fein gerieben!

10 dag Zieger (oder Graukäse)
1 kleine, fein geschnittene Zwiebel
1 Ei
Schnittlauch, fein geschnitten
2–3 EL Mehl
Butterschmalz
Rindsuppe
Salz & Pfeffer

- Alle Zutaten gut mischen und flache Laibchen (= Zergl) formen. In heißem Butterschmalz goldbraun anbraten und abkühlen lassen.
- Die geschnittene Zwiebel in Butterschmalz anrösten und mit Rindsuppe aufgießen.
- 10 dag Zieger einbröseln, mit Pfeffer und Salz abschmecken und anschließend mit viel Schnittlauch servieren!

Als Zuspeisen zur Ofenleber isst man im Zillertal Schweins- oder Kalbsbraten (!) mit Petersil-Erdäpfeln.

Schnodderblattln

Zutaten (4 Personen)

3 Semmeln vom Vortag
1/2 l Milch
4 EL Zucker
1 EL Zimt

- Semmeln in Scheiben schneiden und in einer Schüssel einordnen.
- Milch und 2 EL Zucker erwärmen und über das Brot gießen. Achten Sie bei der Form, dass das Brot mit Milch bedeckt ist!
- Mit dem Zimt und den 2 restlichen EL Zucker bestreuen, ca. 2 Stunden kalt stellen.

Mils bei Imst
Tirol

»MEI LIABSTE WEIS«
aus dem »Trofana-Tyrol«
in Mils bei Imst, Tirol

Tiroler Gröstl mit Krautsalat

Waltraud Notdurfter ist Wirtin auf der »Latschenhütte« in 1650 m oberhalb von Imst in Tirol. Sie hat das Rezept des Tiroler Gröstls, das von ihrer Mutter stammt, verbessert. Das »Gröstl« war ursprünglich ein »Arme-Leute-Essen«, das sie zu einer bodenständigen Delikatesse verfeinert hat.

Zutaten (4 Personen)

1 kg Erdäpfel
1 Zwiebel
30 dag Tafelspitz
30 dag Beinschinken
10 dag Speckwürfel
1 Messerspitze frisch geriebene Muskatnuss
1 Bund Petersilie
2 EL Butterschmalz oder Pflanzenöl
4 Eier
Pfeffer & Salz

Krautsalat:

1 mittelgroßer Weißkrautkopf
1/10 l warme Fleischsuppe (vom Sieden des Tafelspitzes)
1/2 Zwiebel
1 Knoblauchzehe
10 dag Speckwürfel
1 TL Kümmel, ganz
Essig, Öl
Salz & Pfeffer

- Die gekochten Erdäpfel schälen und in dünne Scheiben schneiden (»blatt'ln«). In einer Eisenpfanne das Butterschmalz (oder Öl) erhitzen, und die klein gehackte Zwiebel mit den Speckwürfeln anbraten, bis sie glasig sind. Die Erdäpfel dazugeben. Den gekochten Tafelspitz und den Beinschinken in dünne, kleine Scheiben schneiden und mitrösten. Die Eier dazugeben und erhitzen bis sie stocken. Mit geriebener Muskatnuss, Pfeffer und Salz nach Geschmack würzen und mit frisch gehackter Petersilie bestreuen.

- Für den Krautsalat das Weißkraut in dünne Scheiben schneiden oder hobeln. Leicht salzen, mit der heißen Suppe begießen und mit dem Kümmel bestreuen. Das Ganze mit beiden Händen kräftig durchkneten. In einer Pfanne Zwiebel, Knoblauch und Speckwürfel glasig anrösten, mit Essig und Öl ablöschen und über das Kraut gießen. Nach Geschmack pfeffern.

Waltraud Notdurfter hat das »Gröstl« zu einer bodenständigen Delikatesse verfeinert.

Laimburg
Südtirol

»MEI LIABSTE WEIS«
aus dem Felsenkeller der Laimburg
in Pfatten bei Auer, Südtirol

Südtiroler Martinigans mit glasierten Kastanien

Ursula Mair ist auf dem Bauernhof ihrer Eltern in Mölten oberhalb von Terlan aufgewachsen. Die ehemalige Weinkönigin bereitet ihre »Liabste Speis« zu, die um den 11. November (Martini) in Südtirol besonders geschätzt wird.

Zutaten (4 Personen)

1 Gans (ca. 3,5 – 4 kg)

Fülle:
1 Karotte
3 Knoblauchzehen
1 mittelgroße Zwiebel
1 Apfel
1 Orange
1 kleine Quitte
1/2 Granatapfel

Kräuter:
2 Petersilienzweige, 5 Thymianzweige
5 Lorbeerblätter, 1 Rosmarinzweig
1 dag Pfefferkörner, 5 Wacholderbeeren
5 Salbeiblätter

Röstgemüse:
10 dag Zwiebel
5 dag Sellerieknolle
5 dag Karotten
5 Knoblauchzehen

Salz & Pfeffer
Olivenöl, Rotwein

Glasierte Kastanien (»Köschtn«):
1 kg gebratene und geschälte Kastanien
1/4 l Gemüsebrühe
5 dag Butter
6 dag Zucker
Prise Salz

- Die bratfertige Gans putzen, Gemüse und Kräuter in kleine Stücke schneiden und gut vermischen. Das Innere der Gans mit Salz und Pfeffer kräftig würzen, mit dem Kräutergemüse füllen und mit einem Küchenspagat zunähen. Die Gans außen ebenfalls mit Salz und Pfeffer würzen und in eine geeignete Kasserolle geben. Mit dem zerkleinerten Röstgemüse und Olivenöl ins Bratrohr geben. Bei ca. 160° 2 1/2 Stunden braten. Wichtig: Die Gans immer wieder mit dem ausgetretenen Gänsefett übergießen!
- Die fertig gebratene Gans aus der Kasserolle nehmen und warm stellen, den Bratensaft abseihen und entfetten. Mit etwas Rotwein aufgießen und zur gewünschten Konsistenz reduzieren.
- Für die Kastanien (»Köschtn«) Zucker und Butter hell karamellisieren, Gemüsebrühe beigeben und auf ein Drittel einkochen lassen. Die Kastanien hinzugeben und sirupartig einkochen. Die Kastanien immer wieder schwenken, damit sie allseitig glasiert werden.

Zuspeisen: Erdäpfelpüree und gedünstetes Blaukraut.

Tramin
Südtirol

»MEI LIABSTE WEIS«
aus dem Buschenschank Gamper,
Tramin, Südtirol

Traminer Kalbsstelze mit Polenta

Der traditionsreiche Weinort Tramin, im sonnigen Süden Südtirols, ist die Heimat des gold-gelb-aromatischen Gewürztraminers, der in der Südtiroler Küche seinen festen Platz hat. Von der Traminer Bäuerin Christl Zwerger stammt diese »Liabste Speis«.

Zutaten (4 Personen)

4 Scheiben Kalbsstelze (vom Fleischhauer in 4 cm dicke Scheiben geschnitten)
Mehl zum Wenden
Salz
Pfeffer
etwas Öl
2 Karotten
1 Zwiebel
1 Lauchstange
1 Staudensellerie,
Rosmarin und Salbei
15 dag Bauchspeck
2 Paradeiser (gehäutet, klein geschnitten)
1 Glas Gewürztraminer

Polenta:
1 l Wasser
Salz
20 dag Maisgrieß

- Die gewaschenen Kalbfleischscheiben abtrocknen, in Mehl wenden, mit Salz und Pfeffer würzen und in einer breiten Pfanne in Öl gleichmäßig braun braten. Das Fleisch aus der Pfanne nehmen und in einer Kasserolle warm stellen.
- Die Karotten, die Zwiebel, den Lauch, die Staudensellerie und den Bauchspeck würfelig schneiden und in der Pfanne anrösten, dann die Paradeisstücke zusammen mit Rosmarin und Salbei beifügen, den Gewürztraminer angießen und das Ganze ca. 45 Minuten im vorgeheizten Rohr bei mittlerer Hitze (180°) garen lassen.
- Für die Polenta das Wasser – am besten in einem schweren (Kupfer-) Kessel – zum Kochen bringen, salzen, dann den Maisgrieß unter ständigem Rühren langsam einrieseln lassen, die Hitze nach 5 Minuten reduzieren und das Ganze 45 Minuten gar ziehen lassen (hin und wieder mit einem Kochlöffel aus Holz umrühren).

Vorspeise

Gewürztraminersuppe

Zutaten (4 Personen)

1/2 l Fleischsuppe
4 Dotter
1/4 l Obers
1/4 l Gewürztraminer
1 altbackene Semmel (würfelig geschnitten)
etwas Öl
4 Prisen Zimt

- Die Fleischsuppe erhitzen, Dotter, Obers und Gewürztraminer hinzugeben und mit einem Schneebesen bei geringer Hitze cremig schlagen.
- Die Semmelwürfel im heißen Öl goldbraun anrösten. Die Suppe in vorgewärmte Teller schöpfen, mit gerösteten Brotwürfeln und jeweils 1 Prise Zimt bestreuen.

Aus dem sonnigen Süden Südtirols stammt diese »Liabste Speis«.

Apfelkiechel

Zutaten (4 Personen)

4 würzige Äpfel (z. B. Jonathan, Golden Delicious, geschält, Kerngehäuse entfernt, in 1 cm dicke Scheiben geschnitten)
etwas Zucker
Rum
Zitronensaft

Backteig:
12,5 dag feines Mehl
1/8 l Gewürztraminer
Salz
1 TL Schnaps nach Geschmack
2 Dotter
2 Eiklar
2 EL zerlassene Butter
Öl zum Herausbacken
Zucker
Zimt zum Bestreuen

- Für den Backteig Mehl und Wein verrühren, dann Salz, Schnaps, Dotter und zerlassene Butter dazugeben und warm stellen. Die Eiklar zu Schnee schlagen und unter die Masse heben.
- Die Apfelscheiben zuckern, mit Rum und Zitronensaft beträufeln, mit einem Teller beschweren und 30 Minuten ziehen lassen, dann abtrocknen, durch den Teig ziehen und in heißem Öl herausbacken, mit Zimtzucker bestreuen.

St. Leonhard im Passeier
Südtirol

»MEI LIABSTE WEIS«
aus dem »Sandwirt«
in St. Leonhard im Passeier, Südtirol

Bauernschöpsernes

Die steilen Bergwiesen und Almböden des Südtiroler Passeiertales sind idealer Lebensraum für das Bergschaf. Die Bewohner dieses Tales schätzen seit eh und je den würzigen Geschmack des »Schöpsernen«. Gertraud Ilmer, Bergbäurin aus St. Leonhard im Passeier, der Heimat des Tiroler Freiheitshelden Andreas Hofer, bereitet ein »Bauernschöpsernes« als ihre »Liabste Speis« so zu, wie sie es von ihrer Mutter und Großmutter gelernt hat.

Zutaten (4 Personen)

1 kg Schöpsernes
(Schulter oder Schopf vom Schaf)
2 Zwiebeln
3 Knoblauchzehen
1/2 Knollensellerie
1 Staudensellerie
2 große Karotten
je ein Zweig Rosmarin, Salbei, Lorbeer
1/2 kg fest kochende Erdäpfel
1/2 Tasse Öl
Salz, Pfeffer
1/8 l Rotwein
1/2 l Wasser oder Suppe zum Aufgießen
kleines Stück Butter

- Das Fleisch salzen und pfeffern und in heißem Öl anbraten. Die grob geschnittenen Zwiebeln mit den Knoblauchzehen dazugeben und kurz weiterbraten. Mit Rotwein löschen und ca 30 Minuten schmoren lassen.
- Die grobblättrig geschnittenen Erdäpfel, Karotten, den Knollensellerie und die zerkleinerten Kräuter (Lorbeerblätter ganz lassen!) dazugeben. Mit Wasser oder Suppe aufgießen und nochmals 1/2 Stunde im Backrohr garen. Zum Verfeinern der Soße ein kleines Stück Butter zum Schluss dazugeben und mit fein gehackten Staudenselleriblättern bestreuen.

Gertraud Ilmer empfiehlt zum Schöpsernen einen vollmundigen Südtiroler Rotwein (Blauburgunder).

Vorspeise

Gerstsuppe

Zutaten (4 Personen)

25 dag Gerste
1 Zwiebel
2 EL Speiseöl
3 mehlige Erdäpfel
(in kleine Würfel schneiden)
1/2 kg Karotten
Suppenkräuter: Liebstöckl
(im Ganzen mitkochen)
und Petersilie (fein hacken)
1/2 kg geräucherter
Schweinsschopf
2 Kaminwurzen
Salz, Pfeffer
1/2 l Wasser

- Die gehackte Zwiebel in heißem Fett goldgelb anrösten, die gewaschene Gerste dazugeben und etwas mitrösten. Mit Pfeffer, Salz und Suppenwürze verfeinern, mit Wasser aufgießen und ca. 30 Minuten köcheln lassen.
- Die Erdäpfel, Karotten und das Geräucherte dazugeben und nochmals 30 Minuten kochen. Zum Schluss die Kaminwurzen in der Suppe heiß machen.
- Nun das Fleisch und die Kaminwurzen in kleine Würfel schneiden und beides in die Suppe geben. Abschmecken und die feingehackte Petersilie drüberstreuen.

Schwarzplentene Torte

Zutaten (4 Personen)

2 Tassen Schwarzplentenes Mehl (Buchweizenmehl)
1 Tasse Süßrahm
1 Tasse Zucker
2 EL Erdäpfelmehl
4 Eier
Zitronenschale
Vanillezucker
Zimt
Nelkenpulver
Muskat
Prise Salz
Backpulver
Staubzucker zum Bestreuen

- Den Rahm zu Obers schlagen. Die Eidotter mit dem halben Zucker schaumig rühren und das übrig gebliebene Eiweiß mit Zucker zu einem steifen Schnee schlagen, Schwarzplentenes Mehl, Backpulver und die übrigen Zutaten unterziehen. Auf 175° ca. 50 Minuten backen. Mit Staubzucker bestreuen.

St. Anton am Arlberg
Tirol

»MEI LIABSTE WEIS«
aus dem Restaurant »Alt St. Anton«
in St. Anton am Arlberg, Tirol

Tiroler Kasknödel mit Schlamperkraut

Die Bewohner des Stanzertales, dessen bekanntester Ort St. Anton ist, waren früher bitterarm. Sie arbeiteten hart und ernährten sich karg. Nur die Heuzieher wurden mit Knödeln und mit geselchtem Fleisch besonders verwöhnt. 3-gängige Speisen gab es nur am Kirchtag. Knödel in allen Variationen werden auch heute nicht nur im Stanzertal sehr geschätzt. Gertraud Klimmer aus St. Anton bereitet deshalb auf dem über 400 Jahre alten »Kerthhof« ihre »Liabste Speis« zu: Tiroler Kasknödel. Sie können als Vorspeise mit Rindsuppe, als Hauptspeise mit Schlamperkraut und als Nachspeise mit Salat gegessen werden. Dennoch empfiehlt Frau Klimmer als Nachspeise »Honigmuas« (im Volksmund auch »Nuis Schmalz« genannt) als besondere Spezialität dieser Gegend.

Zutaten (4 Personen)

Kasknödel:
4 altbackene Semmeln
1/4 l lauwarme Milch
3 Eier
20 dag geriebener Almkäse
1 EL Butterschmalz oder Öl
1/2 Zwiebel
2 EL Mehl
1 EL frisch gehackte Petersilie
1 TL frischer Majoran
etwas Muskat, gerieben
2 TL Salz
Priese Pfeffer

Schlamperkraut:
1 Kopf Weißkraut
1/2 Zwiebel
1 EL Mehl
1 Schuss Essig
1 TL Salz
1 EL Butterschalz oder Öl

- Für die Kasknödel die Semmeln kleinwürfelig schneiden und in eine große Schüssel geben. Die halbe Zwiebel klein hacken und in Butterschmalz oder Öl goldgelb rösten. Die geröstete Zwiebel und alle anderen Zutaten mit dem Semmelbrot mischen, mit den Händen zu einer Masse verarbeiten und eine halbe Stunde ruhen lassen.
- Den Krautkopf vierteln, den Strunk entfernen, das Kraut fein schneiden oder hobeln und in einem Topf mit Salzwasser ca. 15 Minuten weichkochen.
- Für das Schlamperkraut die gehackte Zwiebel in einer großen Pfanne mit Butterschmalz anrösten. Das abgetropfte Kraut (das Krautwasser nicht wegschütten!) zu der Zwiebel dazugeben und umrühren. Mit Mehl stauben, Essig und Salz dazugeben und mit einer Tasse Krautwasser aufgießen. Das Ganze umrühren, kurz aufkochen und mit den Knödeln servieren!

Vorspeise

Kasknödel-Suppe

Zutaten (4 Personen)

1 l Rindsuppe
4 Kasknödel
Schnittlauch

- Zuvor beschriebene Kasknödel in heißer Rindsuppe servieren. Mit gehacktem Schnittlauch bestreuen.

Gertraud Klimmer aus St. Anton bereitet ihre »Liabste Speis« zu: Tiroler Kasknödel.

Honigmuas

Zutaten (4 Personen)

1/2 l Milch
3 EL Mehl
2 EL Butter
Prise Salz
2 EL Honig

- Milch, Mehl und Salz kalt verrühren. In einer vorgewärmten Pfanne kurz zum Kochen bringen. Die Hitze verringern und so lange rühren, bis eine dickflüssige Masse entsteht.
- Auskühlen lassen, bis die Masse lauwarm geworden ist, dann die Butter kräftig unterrühren und mit Honig verzieren. Das Honigmuas kann warm oder kalt gegessen werden.

Wald am Arlberg
Vorarlberg

»MEI LIABSTE WEIS«
aus dem Klostertalmuseum
in Wald am Arlberg, Vorarlberg

Blaubeer-Küachle mit Dörrobst-Kompott

Auf den bewaldeten Hängen zwischen dem Arlberg-Pass und Bludenz gedeihen die Blaubeeren (»Moosbeeren«) besonders gut. Sie haben deshalb große Bedeutung in der bodenständigen Küche des Vorarlberger Klostertales. Birgit Liepert, ein damals 17-jähriges Mädchen (»Maigi«, wie die Klostertaler sagen) aus Dalaas, hat uns richtiggehend verblüfft, wie sie in Windeseile ihr Blaubeerküachle, eine Klostertaler Spezialität, nach Großmutters Rezept herbeigezaubert hat.

Zutaten (4 Personen)

30 dag Mehl
1 Prise Salz
10 dag Zucker
3 Eidotter
3 Eiklar
2 cl Milch
15 dag Blaubeeren (frisch oder tiefgekühlt)
1 TL Vanillezucker
Schmalz oder Pflanzenöl zum Herausbacken
Zimt und Zucker zum Bestreuen

Dörrobst-Kompott:

1/2 kg gemischtes Dörrobst (Äpfel, Birnen, Zwetschken)
10 dag Zucker
1 Zimtstange
Schuss Rum

- Mehl, Salz, Zucker, Dotter und Vanillezucker in einer Schüssel mischen und mit der Milch verrühren. Das Eiklar zu Schnee schlagen und unter die Masse heben. Anschließend die gewaschenen Blaubeeren unterziehen. Esslöffelgroße Portionen im schwimmenden Fett goldgelb herausbacken, abtropfen lassen und anrichten. Mit Zimt und Zucker bestreuen.

- Die Birnen ca. 6 Stunden in lauwarmen Wasser einweichen. Aus dem Wasser nehmen und mit den Äpfeln und Zwetschken halbieren oder vierteln. Ungefähr 3/4 l Wasser in einem Topf erhitzen, das Obst hinzufügen und mit dem Zucker und der Zimtstange eine halbe Stunde weich kochen. Zum Schluss mit etwas Rum verfeinern.

Zu den Blaubeer-Küchle wird Süßmost getrunken. Als Vorspeise empfiehlt Birgit Liepert eine kräftige Gerstensuppe.

Au-Schoppernau
Bregenzerwald, Vorarlberg

»MEI LIABSTE WEIS«
aus dem Erlebnisgasthaus »Ur-Alp« in Au-Schoppernau
im Bregenzerwald, Vorarlberg

Hauptspeise

Backsteinkäse im Speckmantel

Bianca Erath arbeitet als Schilehrerin und Kutscherin. Sie lebt am Bauernhof ihrer Eltern in Au im Bregenzerwald. Ihre große Leidenschaft ist das Kochen. In der Bregenzerwälder Küche spielen die verschiedensten Käsesorten eine Hauptrolle. Bianca Erath hat aus dem traditionellen »Backsteinkäse« ein leichtes und schnell herzustellendes Gericht weiterentwickelt. Ihre »Liabste Speis« ist Backsteinkäse im Speckmantel.

Zutaten (4 Personen)

25 dag Backsteinkäse
(man kann auch Romadour oder einen anderen Rotschmierkäse verwenden)
20 dag dünne, durchwachsene Speckscheiben
2–3 frische Rosmarinzweige
etwas Butter zum Braten

- Den Backsteinkäse in 5 cm lange und 1 cm dicke Stangen schneiden. Die Speckscheiben auf ein Brett legen und den frischen Rosmarin darauf verteilen. Die Käsestangen drauflegen und mit dem Speck einrollen.

- Ein kleines Stück Butter in einer Pfanne leicht erhitzen. Die Käsestangen darin knusprig braten, bis der Käse an den Enden etwas verläuft.

Bianca Erath serviert zu ihrem Backsteinkäse im Speckmantel frischen Blattsalat.

Bianca Erath empfiehlt zum Backsteinkäse trockenen Weißwein.

Feldkirch
Vorarlberg

»MEI LIABSTE WEIS«
aus der Schlosswirtschaft »Schattenburg«
in Feldkirch, Vorarlberg

Krutknöpfle

Das Rezept der Käsknöpfle hat bereits in fast allen österreichischen Kochbüchern Eingang gefunden. Ziemlich unbekannt ist jedoch die Herstellung von »Krutknöpfle« (Krautspatzln). Sie sind die »Liabste Speis« von Romana Kaufmann. Das Rezept wurde von ihrer Großmutter überliefert.

Zutaten (4 Personen)

Teig:
1/2 kg Mehl
Salz
5 Eier

1/2 kg rohes Sauerkraut
1 große Zwiebel
1/4 kg Bauchspeck
1 EL Schweineschmalz
gehackte Petersilie
zum Bestreuen

- Das Schweineschmalz in einer großen Pfanne erhitzen. Darin die klein gehackte Zwiebel und den würfelig geschnittenen Speck anschwitzen. Wenn Zwiebel und Speck glasig sind, das Sauerkraut zugeben. Mit etwas Wasser aufgießen und dünsten lassen.
- Während das Kraut dünstet, wird der Teig zubereitet: Mehl, Salz und Eier mit ca. 1/8 l Wasser schnell verrühren. Salzwasser in einem Kochtopf zum Sieden bringen. Den Teig mit einem »Spätzler« (Spätzlesieb) und einem hölzernen Kochlöffel in das kochende Wasser hineinreiben. Die Knöpfle kurz aufkochen, abschrecken und aus dem Wasser nehmen. Unters Kraut mischen, mit gehackter Petersilie bestreuen und servieren.

»Krutknöpfle« sind die »Liabste Speis« von Romana Kaufmann. Das Rezept wurde von ihrer Großmutter überliefert. Dazu empfiehlt sie Most.

Vorspeise

Vorarlberger Mostsuppe

Zutaten (4 Personen)

1 Zwiebel
3 EL Butter
1 Karotte
1/2 Knollensellerie
1 kleine Lauchstange
1 kleine Petersilwurzel
1 Erdapfel
1 Knoblauchzehe
1 EL Mehl
1 l Rindsuppe
1/8 l Süßrahm
1 EL Sauerrahm
1/4 l Most
Salz & Pfeffer

Für die Croutons:
Schwarzbrotwürfel
Butter
1 Knoblauchzehe
Prise Zimt

- Das würfelig geschnittene Gemüse bis auf den Erdapfel in Butter anrösten und mit der Rindsuppe ablöschen, Mehl und Most hinzufügen. Den Erdapfel hineinraspeln und das Gemüse weich kochen.
- Die Suppe passieren. Rahm und Sauerrahm mischen und in die nicht mehr kochende Suppe einrühren, danach warm stellen.
- Brotwürfel und Knoblauchzehe in etwas Butter anrösten und mit einer Prise Zimt verfeinern. Die Suppe damit bestreuen und servieren.

Äpfelküchle

Zutaten (4 Personen)

6 mittelgroße, saure Äpfel
Staubzucker
Rum

Bierteig:
35 dag Mehl
Salz
1 EL Öl
1/2 l helles Bier
2 Eidotter
fester Schnee von 2–3 Eiklar
Fett zum Herausbacken

- Bierteig: In einer Schüssel Mehl, Salz und Öl verrühren. Mit dem Bier aufgießen und zu einem glatten Teig verarbeiten. Dotter und Schnee darunterheben.
- Apfelscheiben mit etwas Staubzucker bestreuen und mit ein paar Tropfen Rum beträufeln. In den Bierteig tauchen und in heißem Fett goldbraun ausbacken. Mit Zucker und Zimt bestreuen und servieren.

Franz Posch

Geboren 1953 in Hall in Tirol. Studium von Musikerziehung und Sport an der Universität Innsbruck, Doktorat in Musikpädagogik, Musikkarriere mit Ziehharmonika, Trompete, Klavier, Klarinette und diversen Volksmusikinstrumenten.

Seit 1979 gestaltet Franz Posch regelmäßig Volksmusiksendungen für Radio Tirol, seit 1988 präsentiert er die Live-Fernsehreihe »Mei liabste Weis«.

ISBN 978-3-8000-7374-0

Covergestaltung, Layout: Ursula Kothgasser, www.koco.at
Coverfotos: ORF und Ursula Kothgasser
Alle Fotos im Innenteil stammen von ORF/Milenko Badzic, Thomas Jantzen, Peter Kurz und Hubert Mican.

Druck: Holzhausen Druck + Medien, A-1140 Wien
Gedruckt auf Salzer Papier
7 6 5 4 3 2 1

Ueberreuter im Internet: www.ueberreuter.at